AF434086

JAVIER ALBERTO BERNAL RUIZ

Juegos y Deportes de Aventura

WANCEULEN
EDITORIAL DEPORTIVA S.L.

Título: JUEGOS Y DEPORTES DE AVENTURA

Autor: Javier Alberto Bernal Ruiz

Ilustraciones: Javier Alberto Bernal Ruiz

Editorial: WANCEULEN EDITORIAL DEPORTIVA S.L.
c/ Cristo del Desamparo, 56   41006 SEVILLA
Tlfs. (95) 465 66 61 y 492 15 11 – Fax: (95) 492 10 59

I.S.B.N.: 84-95883-09-0

Dep. Legal:

© Copyright: **WANCEULEN EDITORIAL DEPORTIVA S.L.**

Primera Edición: Año 2002

Impreso en España: Publicaciones Digitales, S.A.
www.publidisa.com
(+34) 95.458.34.25

ÍNDICE

1. INTRODUCCIÓN.

La Educación Física moderna se sirve de numerosos elementos para desarrollar sus objetivos y contenidos secuenciados en los proyectos curriculares de cada etapa, entre ellos los que proponemos en este y en otros manuales de la colección (bicicleta, patines en línea, monopatines, materiales alternativos y de desecho...)

El docente se enfrenta en estos días a un grupo de alumnos a los que hay que estar sorprendiendo continuamente y "bombardeándolos" con nuevos y atractivos ejercicios que amplíen su tiempo de actividad motriz. En este sentido aparecen los deportes de aventura, un tanto desconocidos para la gran mayoría de ellos y que les hacen mantener el interés durante un tiempo indeterminado.

También los juegos de pistas que incluyen numerosas pruebas desconocidas o que no se han practicado nunca nos ayudarán a conseguir este objetivo, haciendo a los propios alumnos partícipes del desarrollo y el control del juego, otorgándoles funciones de organización y construcción.

A lo largo de estas páginas encontrará numerosas actividades relacionadas con la iniciación a la escalada y a la orientación deportiva, así como juegos y pruebas en diferentes medios para organizar grandes pruebas de pistas. Hemos querido añadir un apartado final con adivinanzas y pruebas de lógica que pueden servirnos de gran ayuda en determinadas ocasiones (como cuando necesitamos tiempo para organizar la siguiente prueba).

Esperamos que la puesta en práctica de estos ejercicios y propuestas les sea gratificante.

2. ESCALADA.

La escalada es seguramente una de las actividades físicas más antiguas de nuestra historia junto a la carrera, los saltos, los lanzamientos, etc, ya que se ha demostrado que en la prehistoria los humanos situaban su "vivienda" en zonas de difícil acceso a salvo de ataques de animales y de otros grupos o clanes.

La aparición de la escalada como actividad deportiva tiene su origen en el afán del ser humano por hacer cima en las cumbres más altas del mundo, siendo necesaria una preparación física que con el paso del tiempo se ha traducido en el equipamiento de escuelas de escalada, creación de grandes infraestructuras (rocódromos), e investigación y desarrollo de materiales cada vez más seguros.

Independientemente de la cantidad de metros que se asciendan o si se hace sobre nieve o sobre la roca, a la escalada se la suele clasificar generalmente en:

- Escalada Deportiva: se asciende por una pared (de roca o artificial) que ya dispone del equipamiento necesario (chapas y reunión), utilizando solamente los pies y las manos para llegar arriba.

- Escalada Clásica: aquélla en la que se dispone de una reunión final pero no con un equipamiento fijo intermedio. En este caso el escalador va insertando "Friends" y "Fisureros" para poder ir asegurando su camino.

Según la estructura de la roca y el lado que elija el escalador para ascender tendremos:

- Escalada Exterior: el escalador se desplaza por la cara externa de la roca utilizando las muecas, orificios y escalones que ha tallado el propio ritmo de la naturaleza.

- Escalada Interior: es aquélla en la que el escalador puede bloquear su cuerpo entre fisuras existentes entre dos bloques de roca.

Según la superficie donde se practique diferenciaremos entre:

- Escalada en Roca: acudimos a una montaña equipada para disfrutar de la práctica deportiva.

- Escalada en Rocódromo: es una infraestructura artificial creada específicamente para la práctica de la escalada. Podemos encontrar numerosos tipos de rocódromos que varían el altura, anchura, y estructura, y su función principal es la del entrenamiento, bien para una posterior escalada en roca o bien para competiciones en rocódromo.

Si hacemos referencia al orden en que actuamos durante la escalada obtenemos:

- Escalada de Segundo o en Top Rope: es la modalidad ideal para los que se inician en este deporte, ya que la cuerda siempre queda por encima de nosotros y no existe riesgo alguno de caída.

- Escalada de Primero: es la más difícil de todas las modalidades. La cuerda queda siempre por debajo de nuestro cuerpo, por lo que puede haber caídas mientras no vayamos pasando la cuerda por las cintas exprés que se colocan en cada chapa. Dentro de esta modalidad podemos diferenciar otras dos:

- A Vista: consiste en subir una vía a la que no hayamos subido nunca y que tampoco la hayamos visto hacer a otro escalador. De esta forma se obliga a hacer un estudio, sobre la marcha, de la roca, los puntos de apoyo, los movimientos a realizar, los puntos de descanso, etc. Cuando se escala a vista están permitidos los vuelos o caídas y descansar con la ayuda del asegurador, que mantendrá la cuerda tensa mientras recuperamos fuerzas o nos concentramos.

- A Flash: es un nivel superior a la anterior, y se diferencia en que, además de no haber visto cómo se hace la vía, no se permiten los descansos ni las caídas.

- Boulder: esta modalidad se puede practicar en roca o en rocódromo, aunque es más frecuente en el segundo como entrenamiento para obtener mayor fondo físico. Consiste en desplazarse de un lado a otro del rocódromo a una altura muy baja sin caer al suelo. Esta modalidad es la que mejor se puede adaptar a nuestros alumnos y a nuestro centro educativo por requerir una infraestructura barata y fácil de construir como veremos en el siguiente apartado.

2.1. CONSTRUCCIÓN DE UN ROCÓDROMO.

Tal y como hemos mencionado en el apartado anterior, la modalidad de escalada más idónea en la que iniciar a nuestros alumnos es el Boulder.

Para construir un Boulder necesitamos un muro largo, preferiblemente liso, en el que colocaremos las presas. Éstas pueden ser adquiridas en tiendas especializadas de escalada a un precio no muy alto, aunque también podemos construir las nuestras dándole forma a bloques de madera. Veamos cómo se elaboran las presas:

1. Seleccionamos un bloque de madera de un tamaño superior a la presa que queramos fabricar. Debemos pensar previamente si la presa se utilizará para apoyar los pies, las manos, o ambos. De esto dependerá el tamaño de la misma.

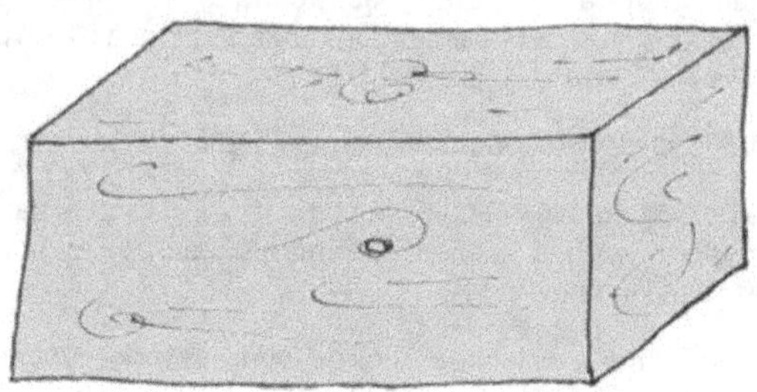

2. Comenzamos a darle forma con una lima o con lija, prestando atención en no dejar salientes o picos sin redondear.

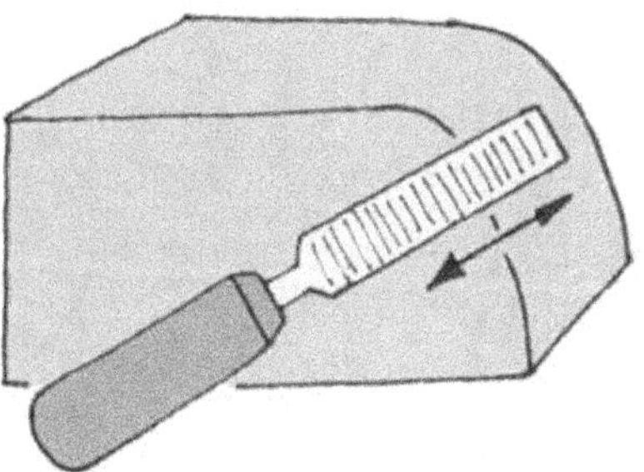

3. Perforamos la presa con un taladro.

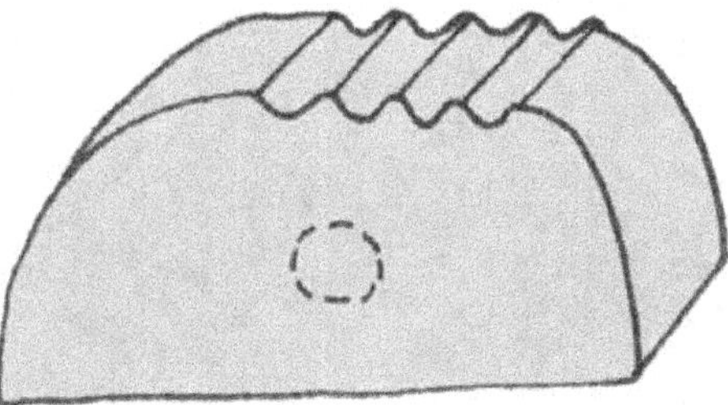

4. Perforamos la pared unos 10 cm. e insertamos el tornillo con la presa. El tornillo debe quedar al menos un centímetro por el interior de la presa, de modo que sea imposible arañarnos o cortarnos con él.

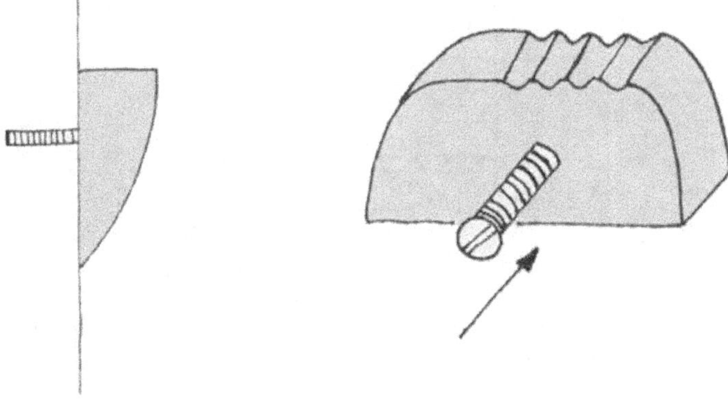

Aquí os mostramos algunos diseños de presas que podéis construir.

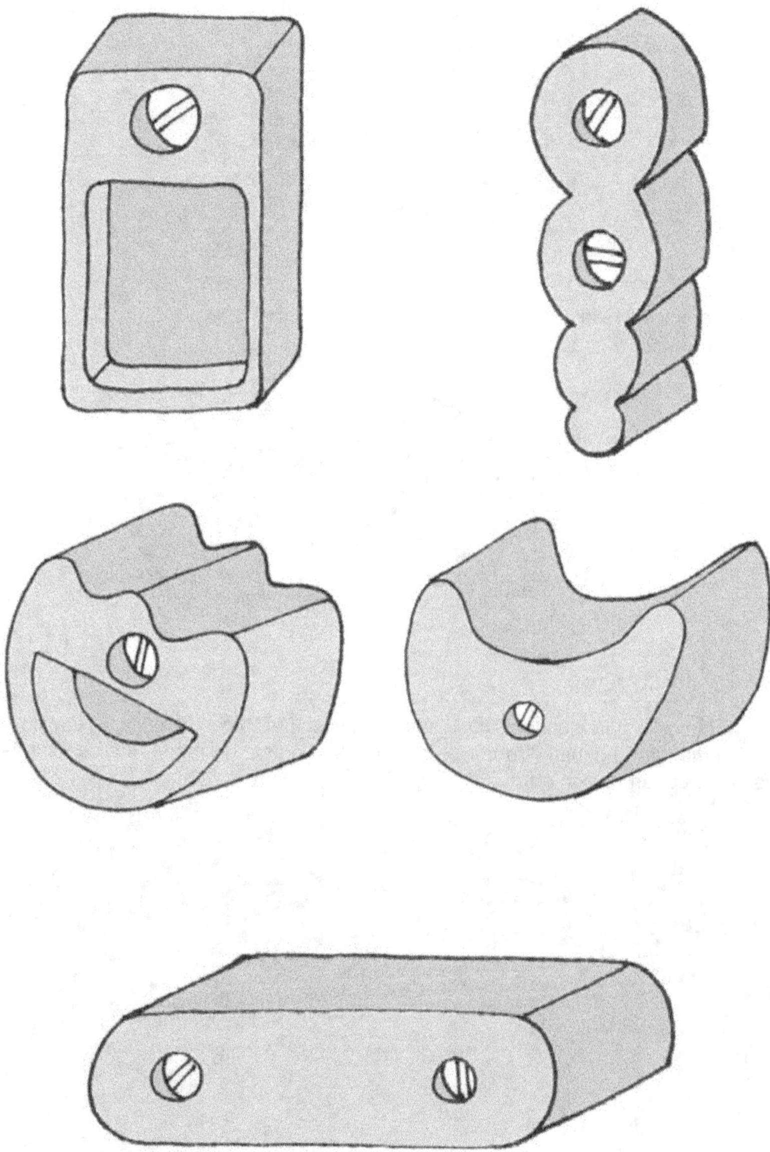

2.2. TÉCNICA BÁSICA.

La posición básica en la que debemos desplazar nuestro cuerpo será siempre la más cómoda posible, aunque lo normal es apoyar la parte interna del metatarso (debajo del dedo gordo del pie) puesto que es la más potente, llevando las piernas abiertas hacia el exterior en abducción (una rodilla mirando a cada lado).

Respecto a los brazos, decir que cansa menos realizar agarres con ellos extendidos y dejando trabajar a una musculatura más grande como son los dorsales y los músculos de la espalda, que flexionados, trabajando así músculos más pequeños y menos resistentes como el antebrazo.

La posición de los dedos también es importante, ya que los flexores se cansan mucho más rápido si agarramos la presa con los dedos en arco (imagen izquierda) que si lo hacemos en la posición denominada "en puente" (imagen derecha).

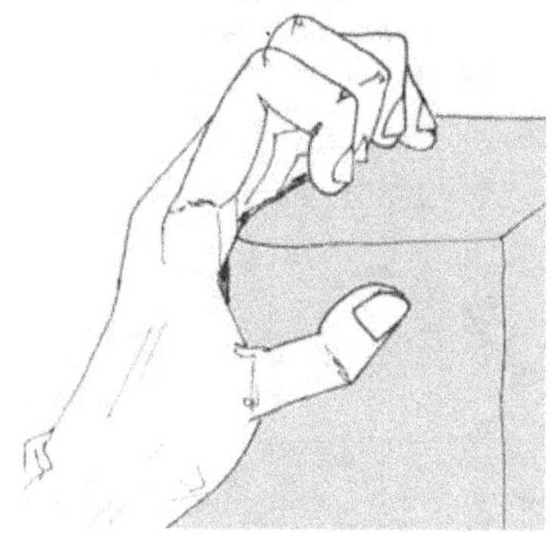
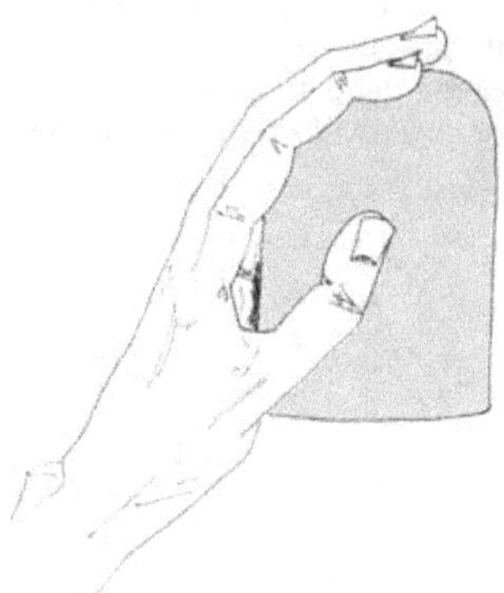

El cuerpo debe mantenerse, siempre que sea posible, lo más cercano a la pared, de modo que el dentro de gravedad no caiga fuera de nuestra base de sustentación. Esto es indispensable para evitar perder el equilibrio o gastar más fuerzas de las necesarias.

2.3. ACTIVIDADES DE APRENDIZAJE.

NOTA IMPORTANTE: hay que cubrir el suelo que está por debajo del boulder con colchonetas. Aunque la altura no sea la suficiente como para que se puedan producir lesiones, nunca está de más prevenir incidentes.

1. Desplazarse libremente por el rocódromo, atrapando cualquier presa para llegar al otro lado.

2. Desplazamiento por todo el panel practicando la técnica básica, es decir, apoyando los pies, siempre que podamos, con la parte interior del metatarso.

3. Desplazarse por el rocódromo apoyando los pies correctamente en cada presa según para lo que se haya construido.

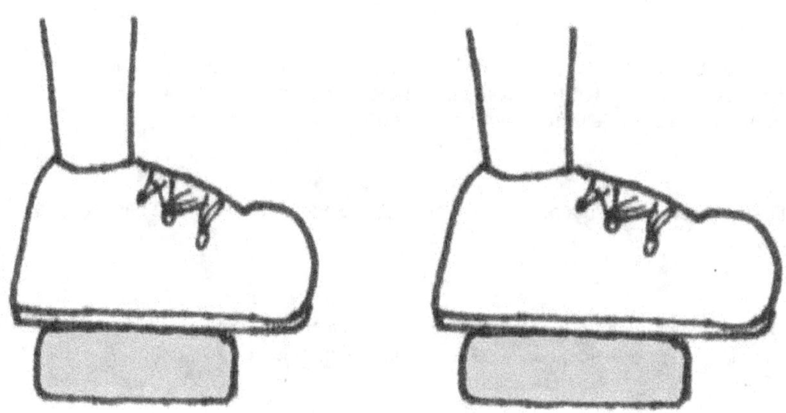

4. Igual que el ejercicio anterior pero ahora también se utilizarán correctamente las presas de las manos (bidedos, tridedos, agarres laterales...)

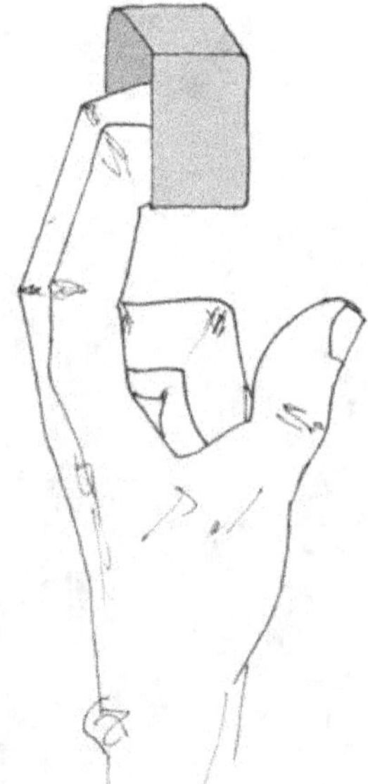

5. Cambio de mano. En las ocasiones en las que una presa tenga el tamaño para colocar una sola mano, el cambio se produce desplazando los dedos lateralmente uno a uno, sacando uno de la mano apoyada y metiendo uno de la mano libre consecutivamente.

6. Cambio de pie. Se realiza cuando estamos apoyados con un solo pie y necesitamos cambiarlo bien para descansar o bien para llegar a una presa más lejana. El cambio de pie puede realizarse de dos formas. La primera es parecida al cambio de manos, y en ella se va colocando una puntera junto a la otra desplazándola lateralmente (es posible cuando la presa es grande). La segunda se ejecuta cuando la presa en la que queda el pie de apoyo es pequeña (sólo para un pie). En esta ocasión se comprueban los apoyos de las manos y se da un pequeño salto cambiando rápidamente los pies de posición.

7. Cruce de manos. Consiste en cruzar una mano por detrás de otra que ya está atrapando una presa y no puede ser soltada. El cruce puede hacerse por delante o por detrás de la otra mano, dependiendo de la posición de la presa que queramos atrapar.

8. Cruce de pies. A diferencia del cruce de manos, el de pies resulta algo más complicado, debiéndose pasar siempre la pierna libre por detrás de la de apoyo, lo que evitará desplazar el centro de gravedad a una posición más separada de la pared y perder el equilibrio.

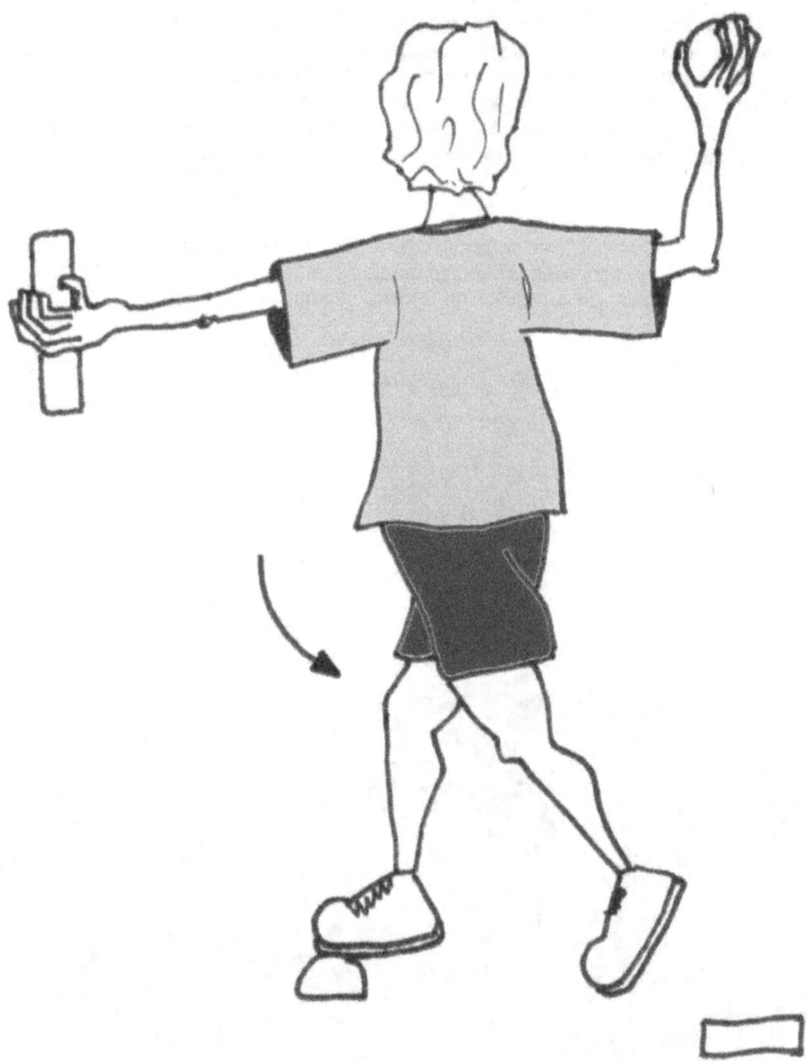

9. Pasos laterales. El desplazamiento se realiza perpendicular a la pared.

10. Desplazarse por el rocódromo prohibiendo los apoyos en varias presas.

11. ¿Quién recorre el rocódromo utilizando menos apoyos?.

12. ¿Quién recorre el rocódromo en menos tiempo?

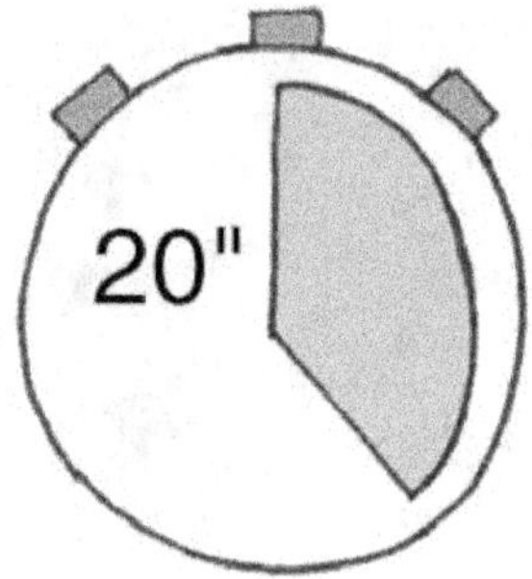

3. ORIENTACIÓN.

El deporte de orientación es uno de los que más se está desarrollando en cuanto a captación de practicantes, federados o no. Al tratarse de una actividad que permite una amplia gama de niveles de dificultad y ejecutarse en el medio natural, agrupa en las diferentes competiciones o jornadas a jóvenes y a adultos de todas las edades.

La carrera de orientación consiste básicamente en completar un recorrido pasando por unos puntos de control marcados en un mapa de forma ordenada con la ayuda de una brújula.

3.1. MODALIDADES.

Según la hora del día a la que se dispute la prueba podemos encontrarnos con:

- Carreras Diurnas: son las más frecuentes, ya que se practican durante el día con la luz solar y la dificultad se limita a la situación de las balizas y al recorrido total.

- Carreras Nocturnas: tienen el mismo objetivo que una carrera diurna, pero se le debe añadir la dificultad de la oscuridad. Se corre con una linterna de espeleología (frontal) en la cabeza, siempre por un terreno seguro. El recorrido total es más corto, siendo también más fácil encontrar las balizas.

Otros tipos de carrera son:

- Carreras por Relevos: en este tipo de carreras cada corredor realiza una parte del recorrido, obteniendo el tiempo total de la suma de todos los parciales de sus componentes. La distancia total a recorrer suele ser más amplia que en las carreras convencionales.

- Carreras de Fondo: algunas carreras de orientación se convierten en experiencias de supervivencia, recorriendo distancias tan largas que son necesarios varios días para su finalización. En ellas se pueden intercalar etapas diurnas y nocturnas, en equipo, por relevos o individualmente.

- Carreras con Puntos Incógnita: aquéllas en las que, una vez llegado a un punto de control, se nos muestra dónde está un punto intermedio por donde hay que pasar obligatoriamente y que no se nos había marcado anteriormente en el mapa.

3.2. ORIENTACIÓN POR PUNTOS DE REFERENCIA.

La orientación por puntos de referencia es la técnica más básica de orientación, ideal para alumnos de edades correspondientes a Educación Primaria.

Los pasos a seguir para orientarnos son:

1º Mirar a nuestro alrededor y buscar dos o más puntos característicos que puedan venir reflejados en el mapa (edificios, fuentes, curvas de ríos, inicio de un bosque...)

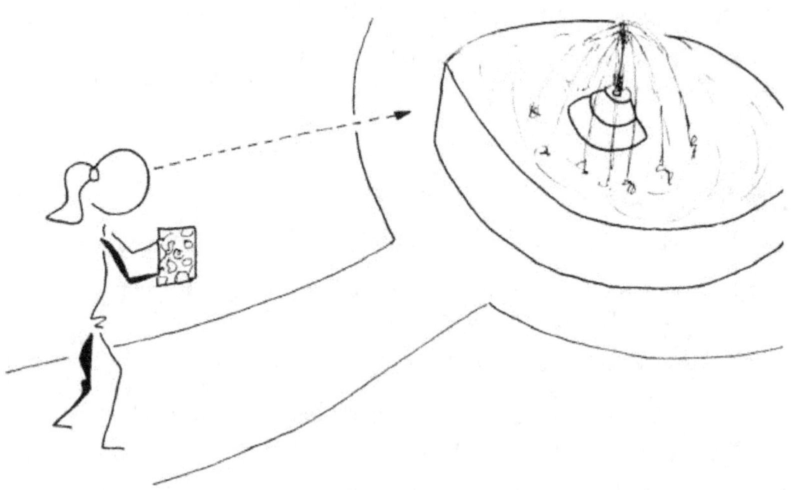

2º Buscar los elementos elegidos en nuestro mapa.

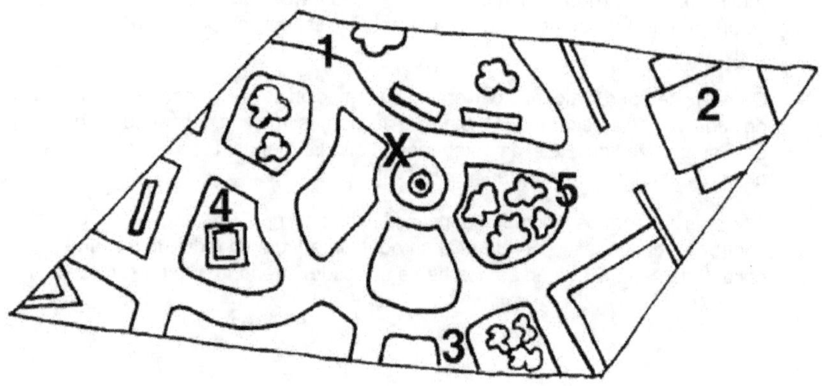

3º Girar el mapa hasta que éste y los puntos de referencia estén en la misma posición.

4º Una vez teniendo el mapa bien orientado correremos hacia el siguiente punto de control.

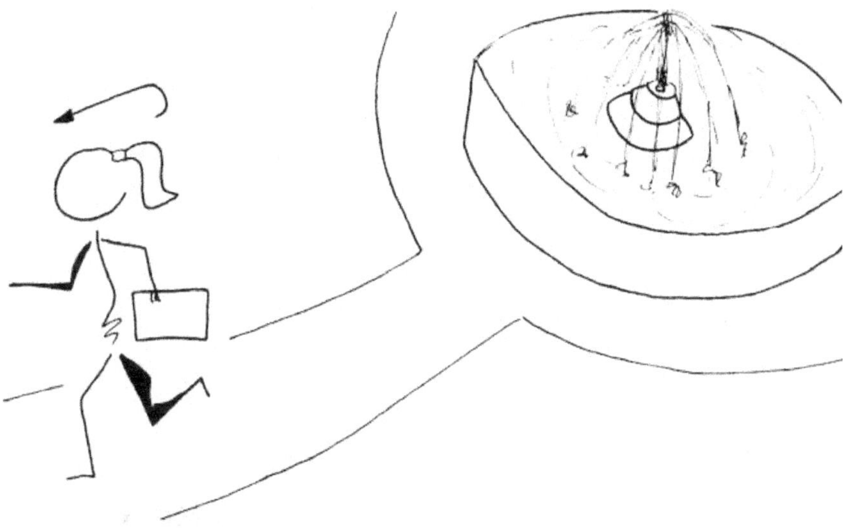

3.3. ORIENTACIÓN AVANZADA.

Denominamos orientación avanzada a aquella en la que es necesario utilizar la brújula, así como otras técnicas de lectura de mapas, para desplazarse de punto a punto de control.

3.3.1. EL MAPA.

El mapa que se utiliza en las carreras de orientación es un mapa topográfico a color que refleja de una forma muy precisa la posición de todos los elementos del terreno (bosques, rocas, ríos, edificios, vallas...)

En la elaboración de un mapa se utiliza una simbología de colores y figuras acordadas de forma internacional para la práctica del deporte de orientación, así como una escala acorde con las brújulas que existen en el mercado.

Los símbolos más utilizados son los siguientes: (el mapa dispondrá de una historia en la que se explique cada elemento)

CARRETERA

CAMINO (inferior a 3 m. de anchura)

MURO

PUNTO DE PASO OBLIGATORIO

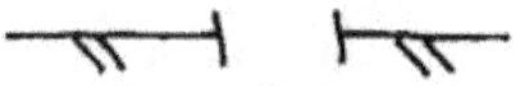

EDIFICIO

MONTAÑA

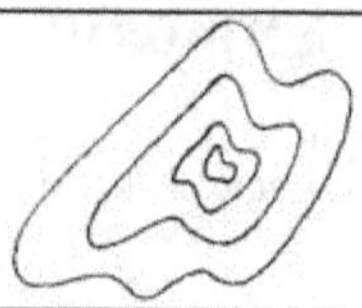

ROCA

ZONA ROCOSA

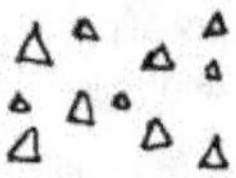

PEDREGAL

TERRENO ARENOSO

LAGO

RÍO

SALIDA

LLEGADA

Los colores aplicados en el mapa se refieren a:

- Negro: elementos rocosos o infraestructuras realizadas por el hombre.

- Marrón: indica el desnivel del terreno a través de las curvas de nivel.

- Azul: zonas donde existe agua (pantano, ríos...)

- Amarillo: terrenos libres de obstáculos.

- Verde: según el tono del color indicará si la vegetación es más o menos fácil de atravesar.

- Blanco: bosque por el que se puede correr.

- Púrpura: indica los puntos de control, salida, zonas de avituallamiento, o zonas por las que es obligatorio pasar.

Otro aspecto muy importante del mapa son las líneas Norte – Sur, que nos servirán más tarde para hallar un punto de control con la ayuda de la brújula.

3.3.2. LA BRÚJULA.

La Brújula utilizada en las carreras de orientación es la denominada SILVA por su simplicidad en el manejo y por su estructura.

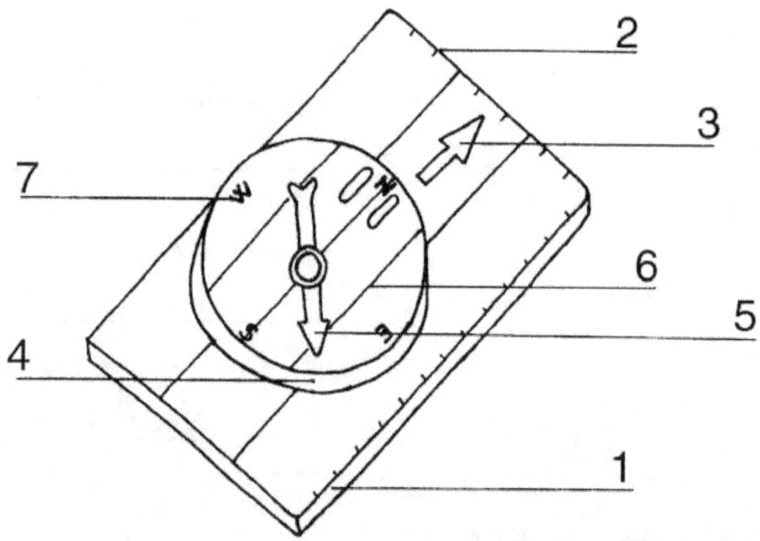

(1) Su **base plana y transparente** permite ver el mapa tras ella. En la base también existen otros elementos como: las **escalas** (2), que nos ayudan a medir las distancias entre puntos del mapa. Por regla general en cada lateral de la brújula encontramos una escala de diferente medida; la **flecha de dirección** (3), que nos indicará el lugar exacto hacia donde debemos dirigirnos tras manipular la brújula; el **limbo** (4), es móvil y gira sobre sí mismo 360 grados. En el interior del limbo se encuentra la **aguja imantada** (5), que nos indica siempre el Norte, las **líneas de meridiano** (6), que las utilizaremos para compararlas con las líneas del mapa, y los cuatro **puntos cardinales** (7).

Para orientarnos en un mapa y saber qué dirección debemos seguir para alcanzar un segundo punto de control ejecutaremos los siguientes pasos:

1º. Colocamos la brújula sobre el mapa, con uno de los laterales uniendo el primer punto del control en el que estamos situados y el segundo punto al que nos queremos dirigir.

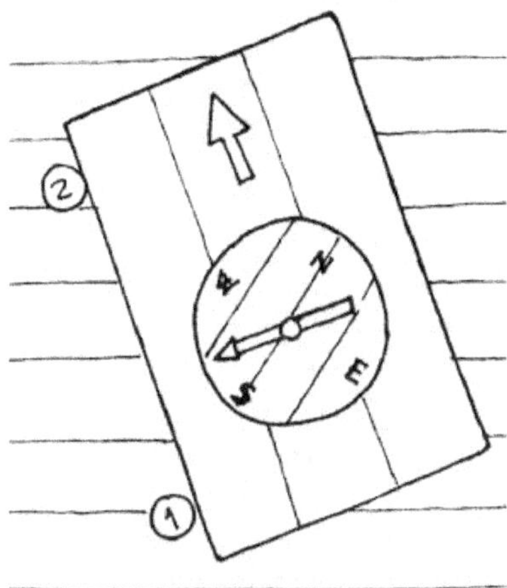

2º. Rotamos el limbo hasta hacer coincidir las líneas de meridiano con las que se muestran en el mapa y que indican la dirección Norte – Sur. Para asegurarnos comprobaremos que el punto cardinal Norte marcado en el limbo también coincide. Es importante que ambas líneas que indiquen el norte (mapa y brújula) vayan en la misma dirección porque si no nos daría la dirección contraria a la que debemos dirigirnos.

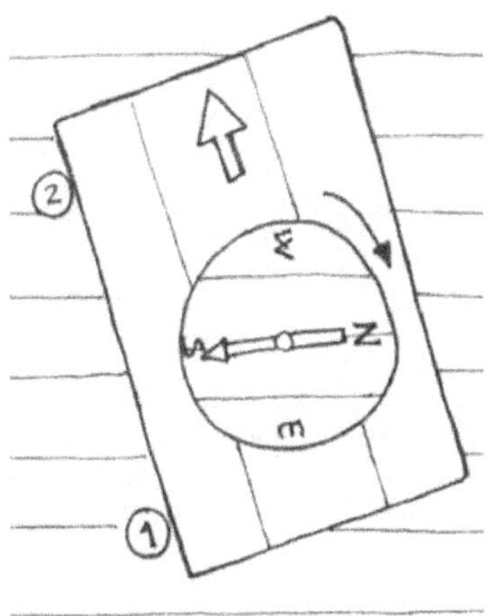

3º. Levantamos la brújula del mapa manteniéndola horizontal sobre la mano y giramos sobre nosotros mismos hasta que la aguja imantada coincida con el punto cardinal Norte del limbo.

4º. Una vez que hayan coincidido miramos la línea de dirección pintada en la base transparente de la brújula. Esa es la dirección en la que se encuentra nuestro objetivo.

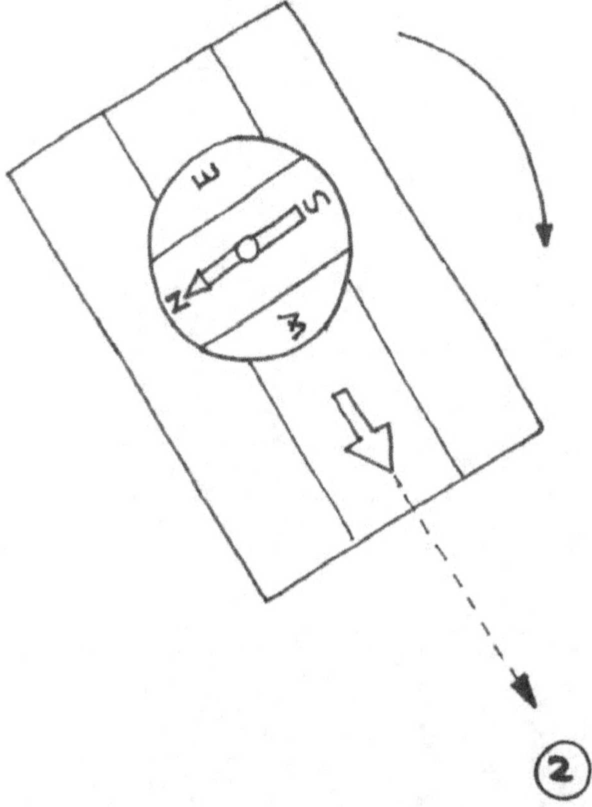

Mientras comenzamos a correr podemos utilizar la brújula y nuestros cálculos para mantener el rumbo si no disponemos de ningún punto de referencia claro. Sólo tendremos que mantener la brújula horizontal en la mano con la aguja imantada señalando al Norte marcado en el limbo, de este modo la flecha de dirección de la base siempre nos indicará la dirección correcta.

3.3.3. PUNTOS DE CONTROL.

Cada punto por el que es obligatorio pasar a lo largo del recorrido estará señalizado con una baliza en cuyo interior encontraremos una o varias pinzas de marcación.

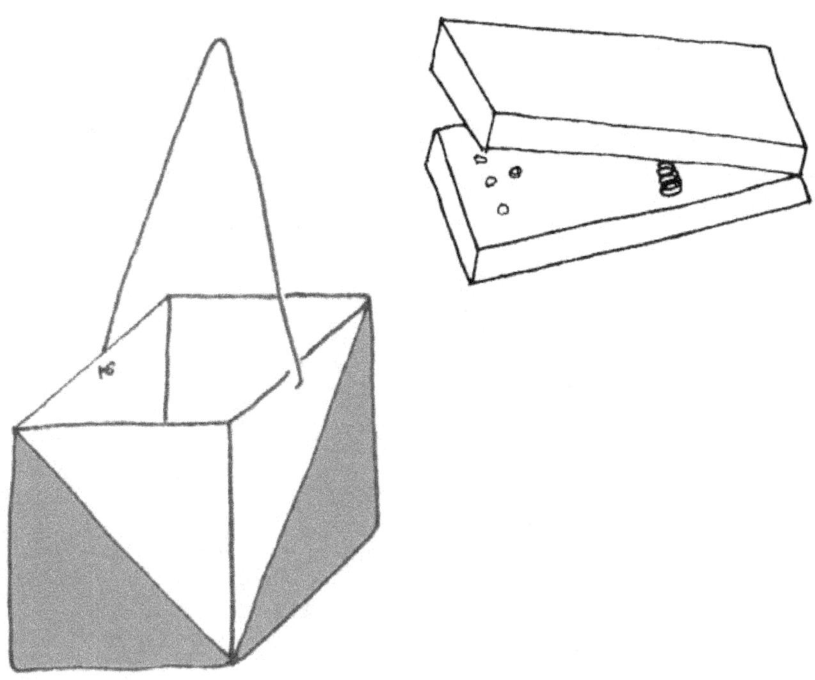

Al inicio de la carrera se entregará a cada competidor (individual o equipo) una tarjeta que puede contener diferentes informaciones dependiendo del nivel de dificultad que pretendamos practicar.

Así, si lo que estamos trabajando es la iniciación al deporte de la orientación podemos utilizar fichas simples como la que os mostramos, con dos columnas, una haciendo referencia al número del punto de control y otra en blanco para perforarla con la pinza y saber que el alumno ha pasado por él.

NOMBRE:	
HORA SALIDA:	HORA LLEGADA:
1	
2	
3	
4	
5	
6	

Para un grado máximo de dificultad utilizaremos tarjetas con más información. En ellas se reflejarán los puntos de control, el número de la baliza (pueden existir varias en un mismo punto), la marca de la pinza (cuando existe más de una en el interior de cada baliza), y una zona en blanco de perforación.

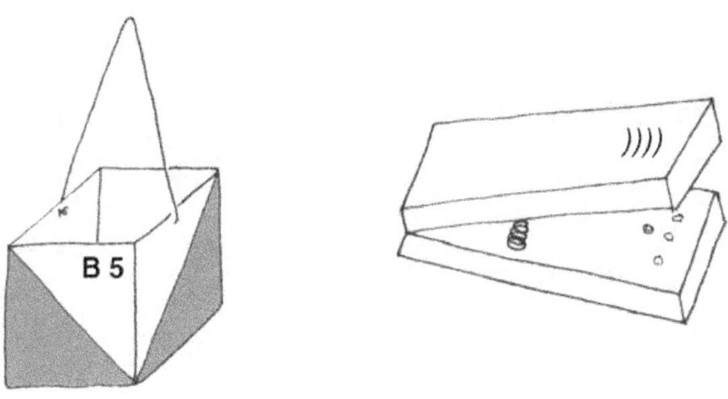

NOMBRE:				
HORA SALIDA:		HORA LLEGADA:		
1	B 1	>>>		PUNTO DE CONTROL
2	B 5	III		NÚMERO DE BALIZA
3	B10	∧∧∧		MARCA DE PINZA
4	B 7	....		ZONA DE PERFORACIÓN
5	B12	::::::		
6	B 3	((((		

Entre el grado anterior de dificultad y éste que les mostramos a continuación pueden establecerse otros intermedios, lo que nos facilitará la progresión en el aprendizaje.

Es importante, si se realizan competiciones individuales o por equipos o se quiere evaluar el tiempo empleado, que las tarjetas reserven un espacio en el que se haga constar la hora de salida y la hora de llegada.

3.4. PREMISAS DE ACTUACIÓN DURANTE UNA CARRERA.

En lo referente a la propia carrera diremos que la Orientación es un deporte reglado pero con poco control de árbitros, basándose en los principio del juego limpio y el espíritu del juego, que no quieren decir más que los jugadores son los que disfrutan de la actividad y también son los responsables de la misma. Es importante hacer hincapié en inculcar hábitos de competición y responsabilidad como:

- Realizar el recorrido en el orden correcto.

- No quitar las balizas ni romperlas.

- No intercambiar las pinzas de baliza, romperlas o esconderlas, lo que provocaría que los siguientes competidores no pudiesen seguir su carrera. Por propia experiencia resulta bastante desagradable tener que parar la actividad por estas acciones y volver a comprobar todo el material.

- Evitar seguir a los contrarios. La única solución a esta posible problemática es la de otorgar turnos de actuación a cada jugador o equipo, estableciendo un tiempo intermedio entre sus salidas de 1 minuto. Si nuestra actividad se limitase a la práctica de la orientación sin ningún tipo de componente competitivo, se pueden establecer diferentes recorridos con una distancia igual para todos (unos hacen el recorrido en el orden correcto, otros en el inverso...)

Cuando las actividades de orientación se desarrollan en la naturaleza debemos controlar también que:

- Los corredores se desplacen sin hacer mucho ruido.

- Las zonas utilizadas para la carrera y para el control de la misma queden como mínimo tal y como la encontramos, intentando conservar el medio ambiente para poder disfrutarlo en próximas ediciones.

3.5. ACTIVIDADES DE APRENDIZAJE.

1. Recorrido básico de cuatro controles por un gimnasio.

2. Igual que el ejercicio anterior pero ahora con varias balizas por cada punto de control.

3. Elaborar un mapa del patio de nuestro colegio. Estableceremos un acuerdo entre todos de las señales que se van a utilizar para indicar la posición de elementos como canastas, porterías, etc.

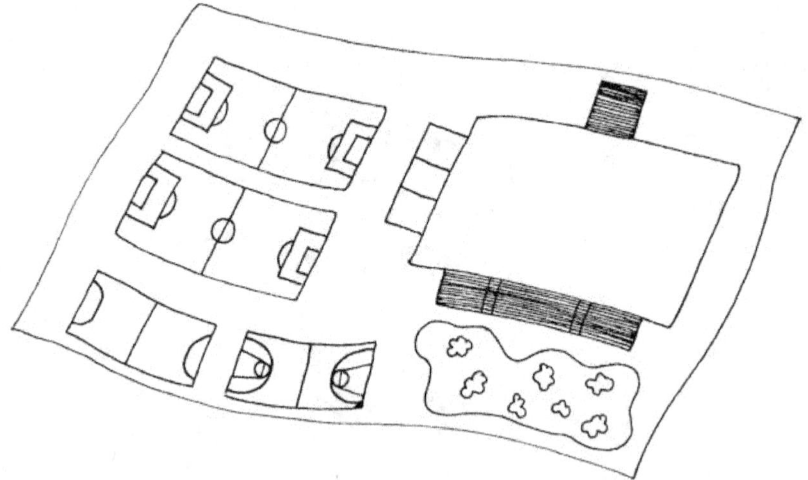

4. Desplazarnos por el colegio con el mapa y una brújula, comprobando los puntos cardinales a medida que giramos y nos situamos en diferentes puntos del mismo.

5. Carrera de ocho controles por un patio de con varias balizas y pinzas por cada punto de control.

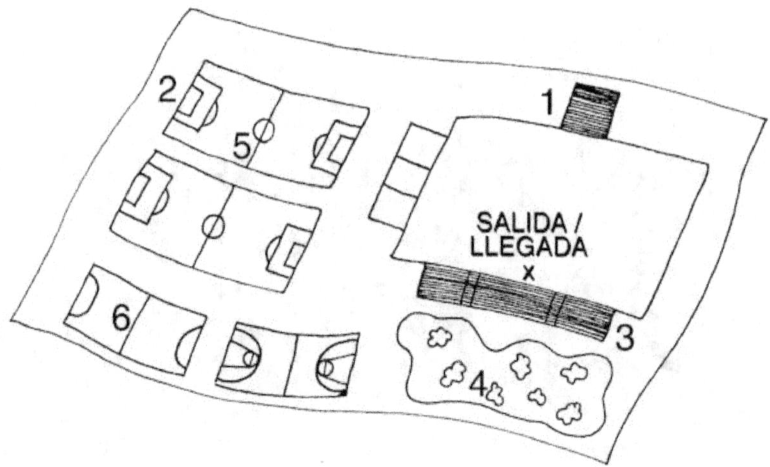

6. Aprendizaje de símbolos internacionales.

7. Desplazarse por un parque reconociendo las infraestructuras que están reflejadas en el mapa mediante los símbolos internacionales. Durante este recorrido se prestará atención a las indicaciones de la brújula.

8. Elaborar un mapa del parque por el que vayamos a realizar las carreras.

9. Carrera de seis controles en un parque en los que cada punto sea un elemento bien diferenciado (zona de columpios, fuentes...)

10. Igual que el ejercicio anterior pero con varias balizas y pinzas en cada punto de control.

11. Igual que el ejercicio anterior, pero esta vez las balizas pueden estar situadas en cualquier parte del terreno de juego.

12. Carrera de ocho controles por un parque. Haremos hincapié en controlar el ritmo de nuestra carrera.

13. Aprendizaje de utilización de la brújula.

14. Desplazarse por un terreno natural delimitado utilizando un mapa y una brújula.

4. JUEGOS DE PISTAS.

Especialmente atractivas son las jornadas lúdicas en las que cada jugador, de forma individual o en equipo, se enfrenta a un número de pruebas desconocidas con el objetivo de superarlas correctamente en el menor tiempo posible.

A diferencia de las gymkhanas, los juegos de pistas se pueden desarrollar en una o varias jornadas, y no es necesario que todas las pruebas se realicen de una vez, sino que puede haber espacios de tiempo para la preparación de las mismas. Asimismo pueden aparecer competiciones entre los equipos para conseguir una pista en juego.

4.1. MODALIDADES.

Una clasificación en función del modelo de juego sería la que sigue:

- Modelo asociación de pistas: a lo largo de cada una de las pruebas se van consiguiendo pistas que se deberán ir relacionando, de modo que al final se adivine una palabra secreta que englobe al resto. En el ejemplo siguiente ésta puede ser "Verano".

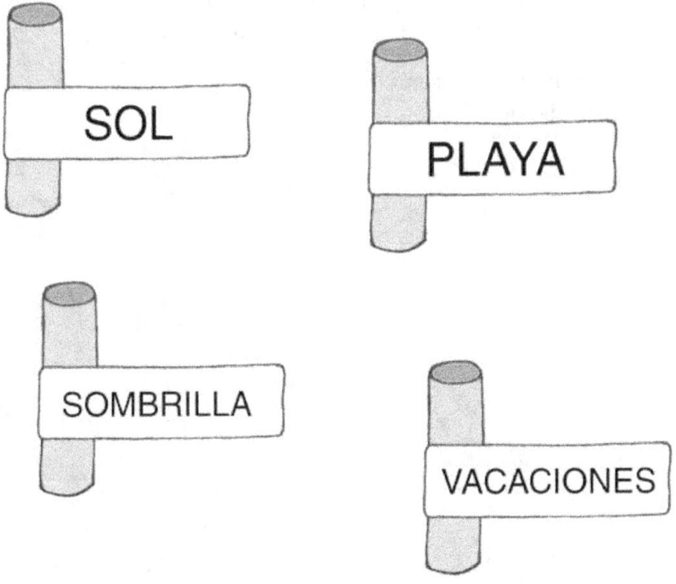

- **Modelo puzzle:** en cada reto se adquiere un trozo de un mapa que nos mostrará el punto exacto hacia donde hay que dirigirse para completar el recorrido.

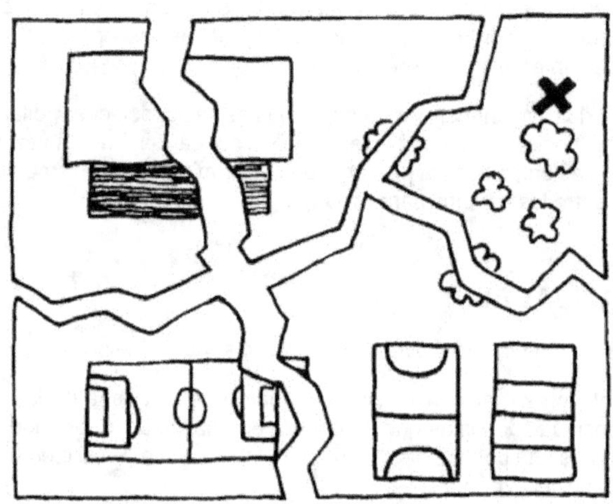

- **Modelo incógnita final:** por regla general se trata de un mensaje que se va consiguiendo palabra a palabra a medida que se van superando las pruebas. En el ejemplo que les mostramos a continuación las pistas han sido dadas aleatoriamente, siendo el resultado final "Nuestro colegio tiene dos campos de fútbol de césped".

1	2	3	4	5
EN	CAMPOS	CÉSPED	HAY	FÚTBOL
6	7	8	9	10
NUESTRO	DOS	DE	DE	COLEGIO

- Modelo juego de mesa: en esta modalidad se fabrica un tablero del juego que queramos desarrollar, por ejemplo el juego de la oca. También construiremos un dado gigante con una caja de cartón. Cada equipo irá lanzando el dado y realizando las pruebas que marquen las casillas en las que caen, y sumarán puntos a medida que superen los retos.

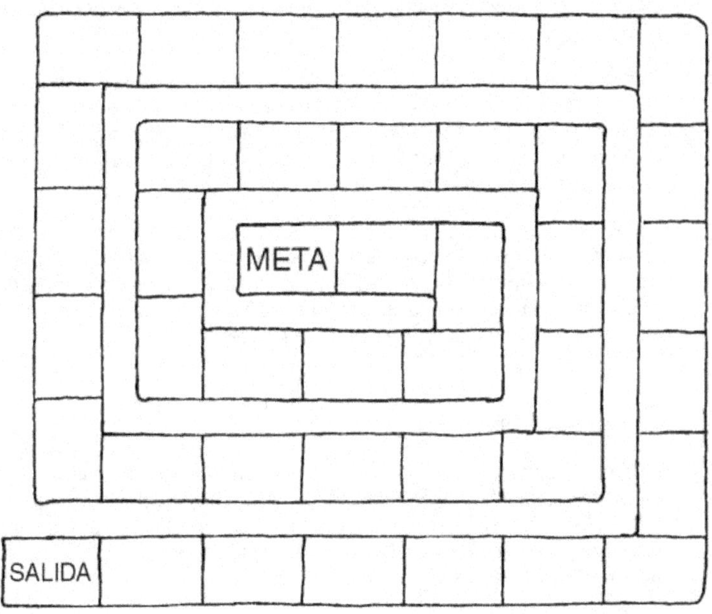

Si tuviésemos que clasificar los juegos de pistas según la manera de conseguir las pistas obtendríamos:

- Pista por prueba. Se trata de una secuencia de pruebas en las que se contabiliza el tiempo que se emplea en cada una de ellas. El ganador es aquél que emplea menos tiempo una vez sumados los parciales. Se podrán establecer penalizaciones de tiempo que consistirán en añadir x segundos al tiempo final.

- Competición por una pista. Los equipos o jugadores se enfrentarán en retos en los que se dispute una pista. De cualquier modo habrá que disponer de un número de pistas necesarias como para que a un equipo que pierda numerosas pruebas no les sea imposible completar el juego, lo que provocaría un descontento considerable.

- Prueba de transición: en determinadas ocasiones se incluirán pruebas que son necesarias pasar para poder continuar el juego, y en las que no existe una pista como premio. Habrá que controlar el nivel de nuestros alumnos, de modo que se cree la tensión necesaria como para hacer la prueba atractiva pero que en realidad no supongan un esfuerzo considerable.

Según la duración del evento:

- Jornada individual. Es muy común en los colegios y centros lúdicos celebrar jornadas específicas dedicadas a un tema (Día de Andalucía, Día de la Salud, Día del Deporte...) En estas celebraciones se aprovecha la interdisciplinariedad realizando juegos de pistas disfrazados, organizando los mismos alumnos las actividades, construyendo el material, etc.

- Sesiones continuas: en determinadas ocasiones los educadores especialistas en educación física reservan un número de horas para el juego libre de sus alumnos, por ejemplo, cada tres días de clase tendrán uno de deporte libre. Del mismo modo se puede establecer que cada tres o cuatro días de clase se utilice uno para disputar las pruebas de un juego de pistas. Este tipo de actividad mantiene siempre al alumno en vilo, al igual que si se participase en una liguilla de un deporte.

- Sesiones discontinuas. Es una media entre las dos anteriores. No tiene porqué realizarse cada cierto número de semanas, pero no queda aislada como una jornada individual.

Según la capacidad física que se desarrolla encontramos pruebas de:

- Velocidad.

- Fuerza.

- Resistencia.
- Coordinación.
- Equilibrio.

Según las habilidades que se desarrollan encontraremos pruebas de:

- Transporte (de objetos o personas)
- Desplazamiento (medio terrestre y acuático)
- Lanzamiento.
- Lanzamiento – Recepción.
- Habilidad óculo pédica.
- Habilidad óculo manual.
- Expresión corporal.
- Sensoriales.
- Con implementos.

4..2. PRUEBAS.

1. Transportar a uno de los compañeros utilizando cuerdas. Una de las formas más efectivas es la construcción de una red en la que cada componente agarre dos cabos, sentándose el sujeto a transportar en el centro de la misma.

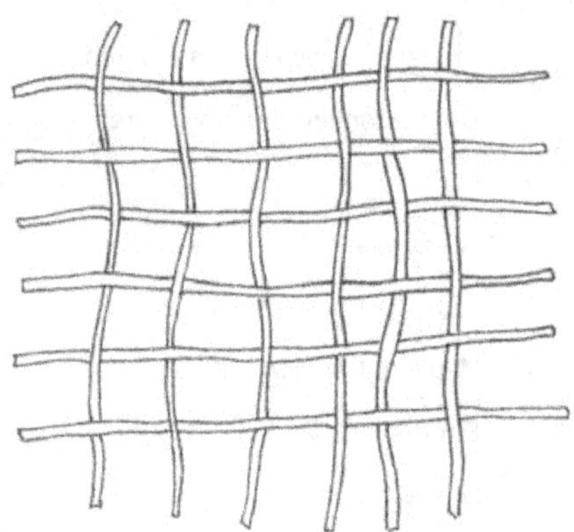

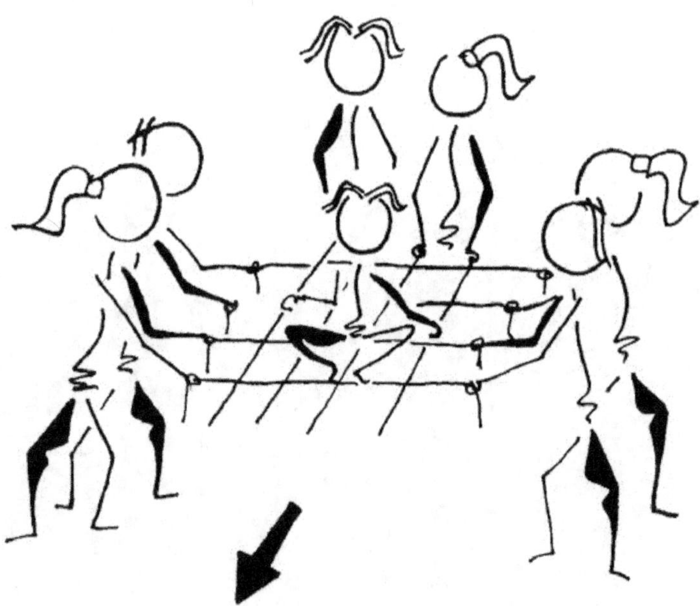

2. Pasar unos obstáculos de diferentes alturas sin tocarlos. Los obstáculos pueden ser construidos con picas metidas en conos y elástico o cuerdas finas anudadas a éstas. La utilización del elástico es recomendable en caso de caídas, ya que se evitará el desplazamiento del resto de objetos y las posibles lesiones.

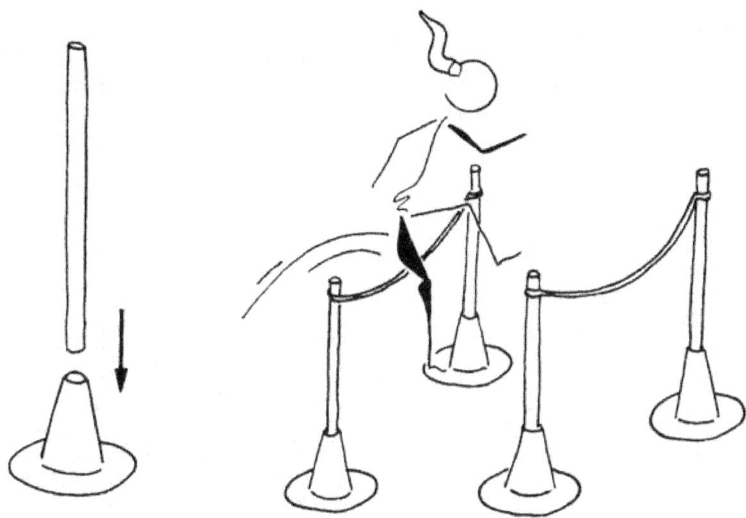

3. Reptación. Una prueba de habilidad y paciencia en la que los participantes tienen que pasar bajo un obstáculo sin tocarlo. En esta ocasión podremos construirlos con picas colocadas en equilibrio sobre conos, de modo que el contacto con cualquiera de los objetos provocará el derribo de las picas.

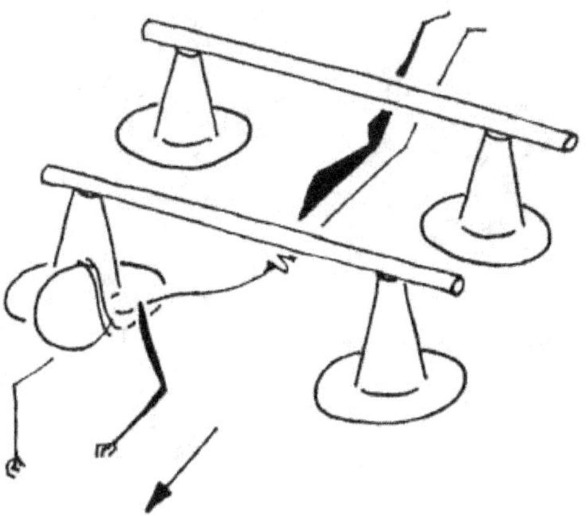

4. Pasarela. El corredor debe pasar de columpio en columpio hasta el lado contrario sin caerse al suelo. Es conveniente que coloquemos colchonetas debajo del área de actividad para prevenir accidentes y para dar mayor seguridad al participante.

Si no disponemos de columpios podemos construir nuestra propia pasarela utilizando cuerda y tablones gruesos de madera a los que les haremos dos agujeros un poco más grandes que el grosor de la cuerda. Pasaremos ésta por encima de una espaldera o de una barra horizontal e insertaremos cada cabo por un orificio, haciéndoles uno o varios nudos para impedir que se salga.

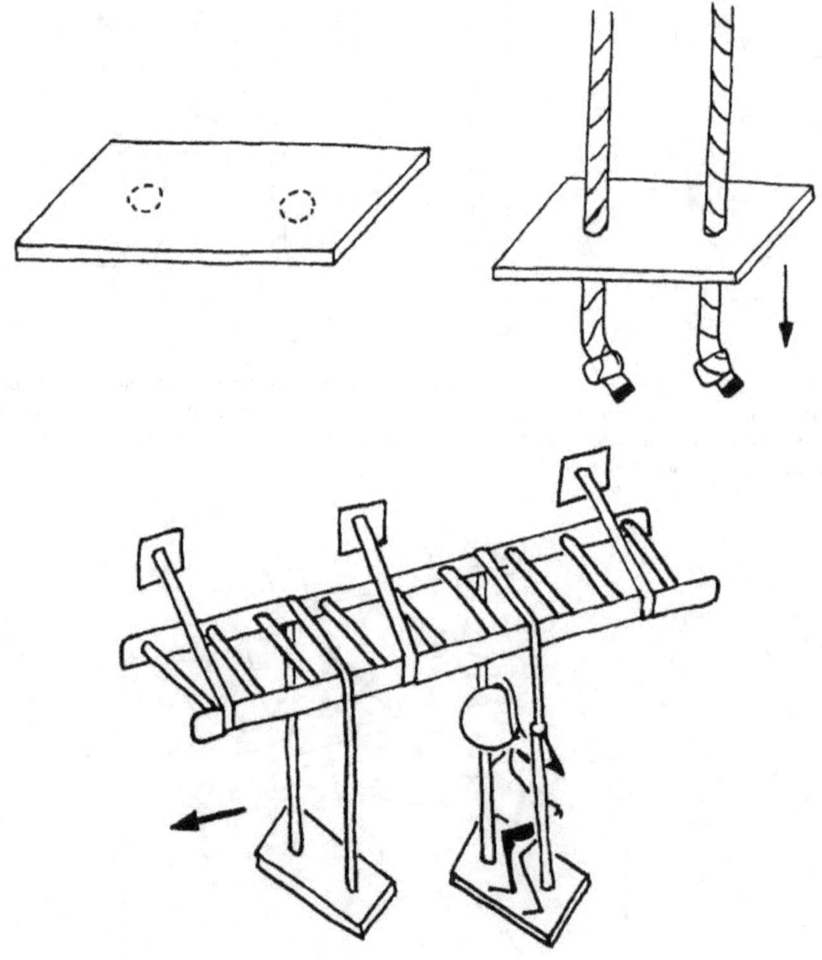

5. Escalada. Tal y como hemos aprendido en el apartado dos, podemos incluir una prueba en la que sea necesario pasar por un recorrido de boulder.

6. Lianas. Es muy común en nuestros gimnasios disponer de cuerdas colgadas del techo para ascender por ellas. Esta vez las utilizaremos para pasar de un lado a otro sin tocar el suelo, balanceándonos en cada una de ellas hasta atrapar la siguiente. En esta actividad también es recomendable la utilización de colchonetas para proteger caídas.

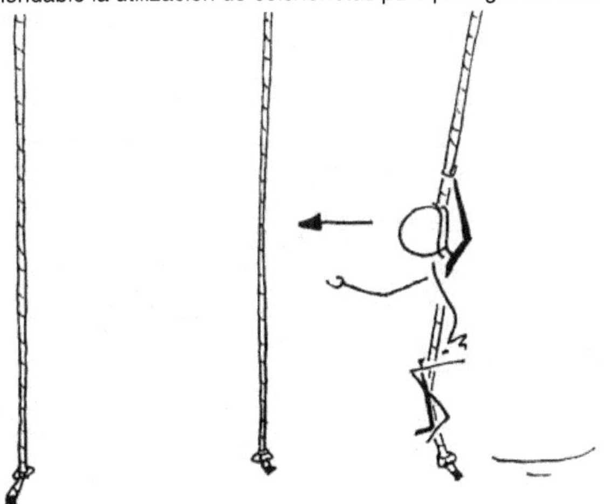

7. Equilibrio. Los participantes deberán pasar por encima de 3 o más bancos suecos para llegar al lado contrario. Una variante de ésta actividad es en la que son los mismos participantes los que, una vez subidos al primer banco, deben ir colocando los siguientes para avanzar sobre el terreno.

8. Equilibrio invertido. Pasar una barra de equilibrio de gimnasia por debajo, agarrándose con las manos y las piernas sin caer al suelo.

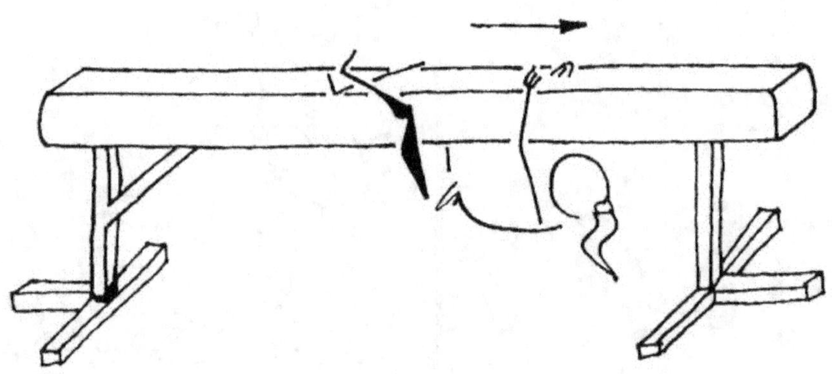

9. Como los monos. Subirse al primer peldaño de una escalera horizontal y desplazarse hasta el último sin caer al suelo.

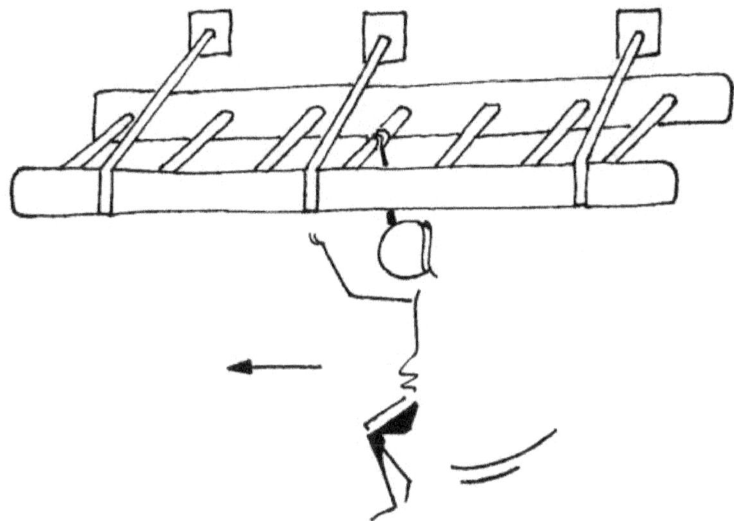

10. De aro a aro. Se colocarán varios aros a lo largo del recorrido, debiendo los participantes saltar dentro de ellos a medida que avanzan. Un jugador que pisa el aro o toca el suelo en cualquier momento quedará eliminado o su equipo será sancionado con tiempo perdido.

11. Trepar. Subir por una cuerda gruesa hasta una determinada altura o hasta alcanzar una pista anudada en ella.

12. Buceando. Escondemos varias pistas en diferentes cubos o palanganas llenas de líquido. Los participantes deben encontrarlas y sacarlas utilizando sólo la boca. Para hacer más divertido este juego podemos mezclar agua con maizena, papillas, colacao, etc, de modo que salgamos totalmente pringados.

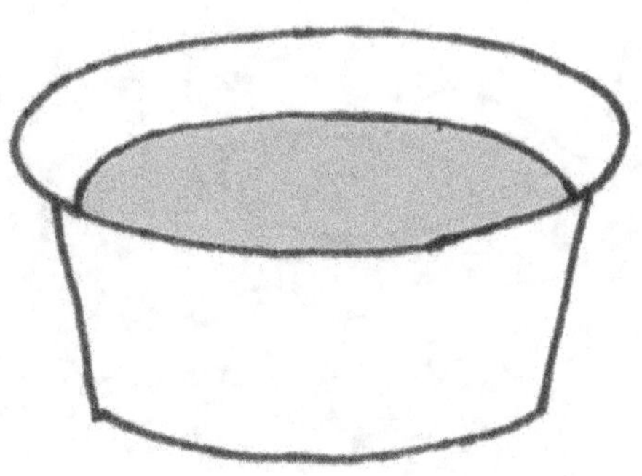

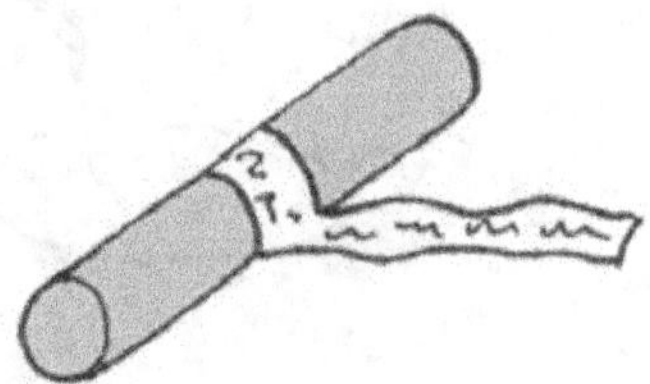

13. El aguador. Se trata de una carrera de relevos en la que cada participante debe transportar dos cubos de agua atados a una barra a modo de balanza. Gana el equipo que consiga rellenar con más agua una cubeta tras un minuto de tiempo.

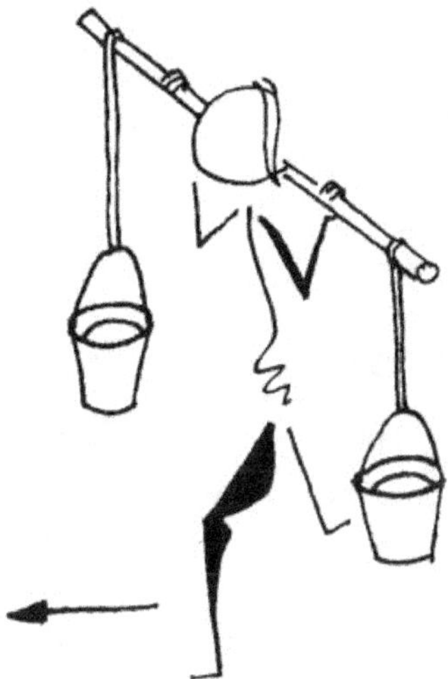

Como variante podremos establecer diferentes métodos de transporte del agua, como colocar el cubo sobre la cabeza y mantenerlo con una sola mano.

14. Que Rebose. Parecido al ejercicio anterior, pero ahora el objetivo es transportar el agua para ir llenando el cubo, de modo que la pista (colocada sobre una pieza de corcho) caiga al suelo al rebosar éste.

15. Asalto al castillo. En esta prueba debemos sortear un obstáculo construido con dos colchoetas saltando desde un mini-tramp. Aunque coloquemos una colchoneta grande (de salto de altura o pértiga) para amortiguar la caída, quedarán prohibidos los saltos de cabeza y los mortales.

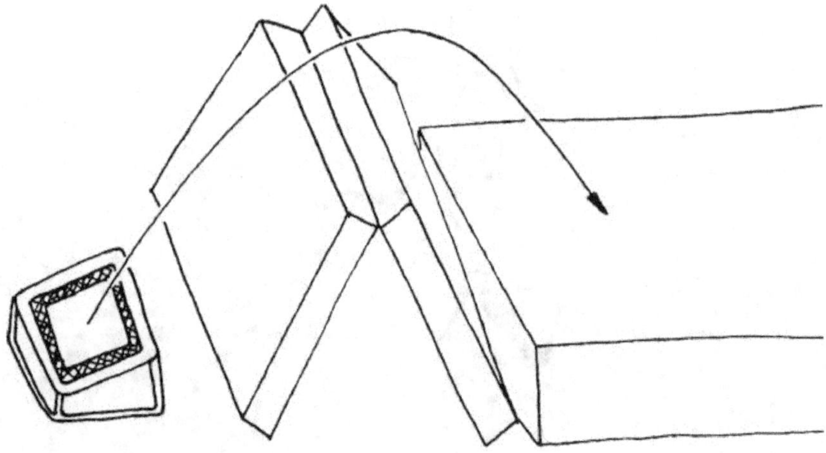

16. Salto de longitud. Saltar desde un mini-tramp hacia una colchoneta gruesa intentando llegar más allá de una marca. Los alrededores de la zona de caída deberán ser protegidas con otras colchonetas.

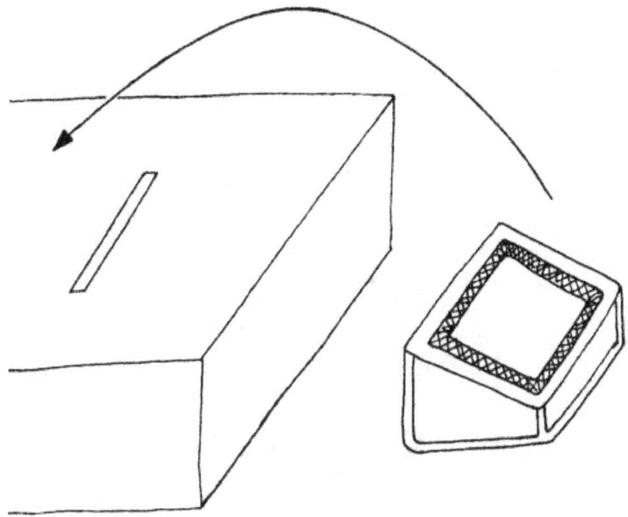

17. La Ducha. Se colocarán varios globos llenos de agua, harina, papel mojado... en una cuerda a modo de piñata. Cada componente del equipo deberá pinchar un globo desde las marcas situadas en el suelo hasta encontrar la pista.

También podemos utilizar un casco de bici al que añadiremos un pincho de cocina en su parte inferior, siendo necesario saltar para explotarlos.

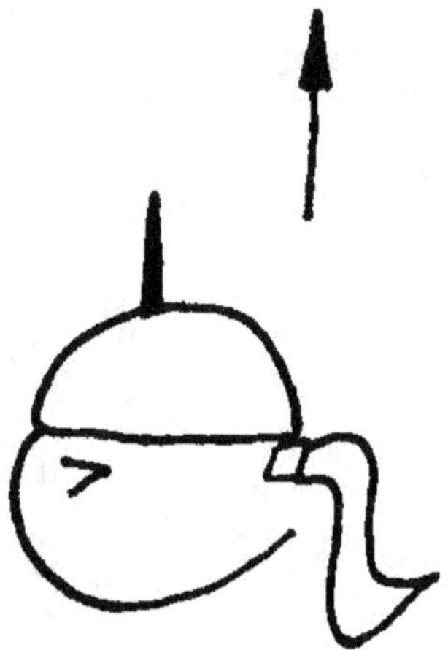

18. Bomba va. En un minuto de tiempo introducir el mayor número de globos de agua en una caja. Todos los pasadores deberán estar situados a no menos de 3 metros de distancia. El último componente del equipo es el encargado de colocar los globos dentro (no tendrá que lanzarlos sino dejarlos).

19. Explota Explota. Todos los miembros de un mismo equipo comenzarán a explotar globos sentándose sobre ellos o pisándolos hasta que encuentren la pista.

20. Diana. Lanzar una pelota de tenis en el aire, después de haber saltado desde un mini-tramp, hacia un aro situado entre dos colchonetas. Una vez que el equipo haya conseguido un número determinado de aciertos habrá terminado la prueba, y podrán dirigirse a la siguiente.

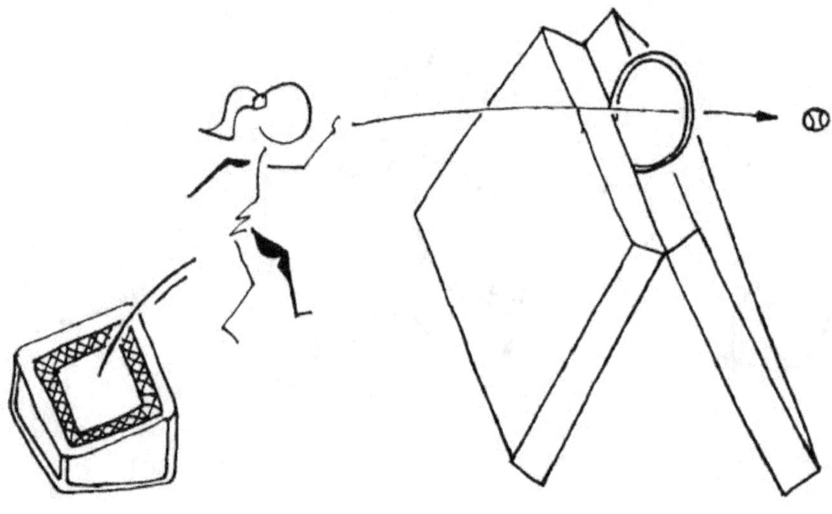

21. Mensaje Ciego. Uno de los componentes de un equipo se venda los ojos mientras el resto le indica hacia dónde debe desplazarse para encontrar la pista en el menor tiempo posible.

22. Carrera de sacos. El jugador se desplazará dando saltos hacia delante dentro de un saco. Se establecerán carreras de relevo o eliminatorias para determinar qué equipo ha sido el vencedor.

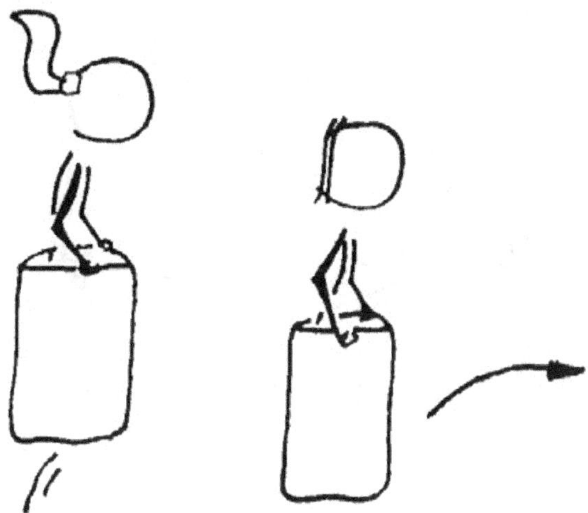

23. Pies atados. Igual que el ejercicio anterior, salvo que esta vez ataremos los pies de los concursantes con una cuerda o con los mismos cordones de los zapatos.

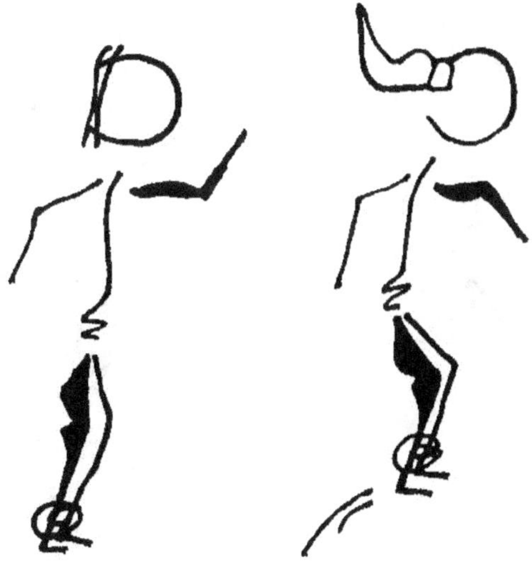

24. La Cama. Es un juego de transporte en el que uno de los miembros del equipo se coloca encima de una colchoneta mientras el resto elige la manera más rápida de llevarlo al lado contraı

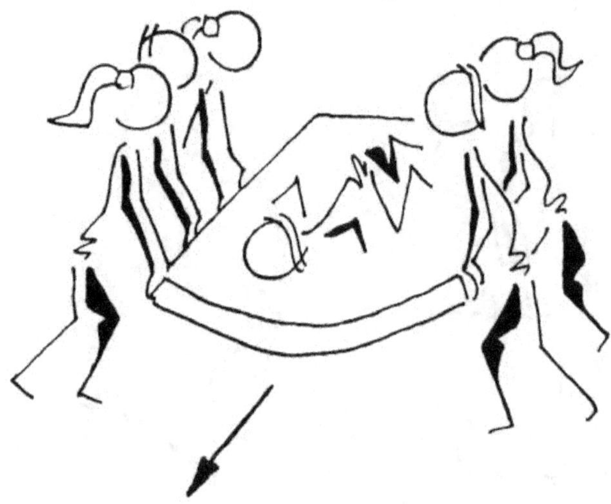

25. El Minero. Se esconde una pista en uno de los sacos llenos de arena. Cada jugador debe ir sacando arena con sus manos hasta encontrar la pista. Si no la encuentra en un saco dará el relevo a otro compañero para que lo intente en otro de los sacos. Queda prohibido tumbar el saco para derramar la arena.

26. La Olla. Un equipo completo se rodea con una cuerda. El objetivo es completar un recorrido en el menor tiempo posible. Las caídas no suponen una eliminación, pero todos los componentes deben permanecer dentro de la cuerda durante el trayecto.

27. Carrera de sillas. Cada jugador debe trasladarse al lado contrario del campo sin tocar el suelo y con la ayuda de dos sillas.

28. Diana. Colocamos varia botellas sobre un banco sueco. El objetivo es derribar todas las botellas golpeándolas directamente con pelotas de tenis.

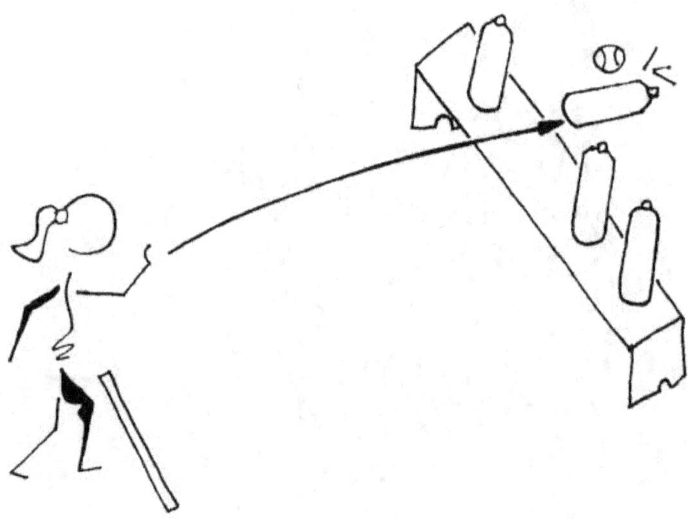

29. Bolos. Igual que el ejercicio anterior, pera esta vez el lanzamiento se realizará rodando y las botellas estarán situadas en el suelo.

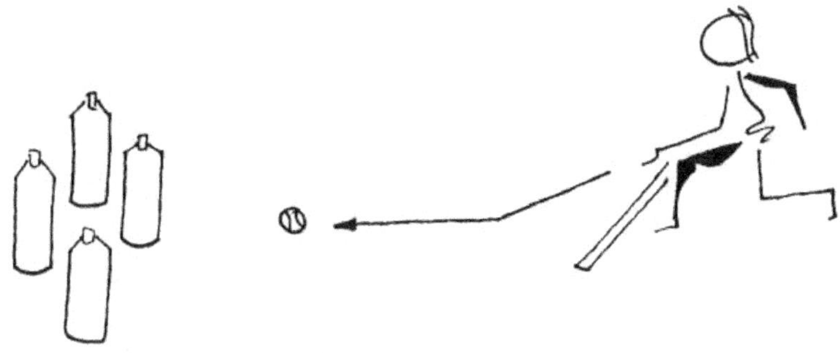

30. Caza-Globos. En una superficie deslizante construida con plásticos grandes y agua más lavavajillas, deslizarse para atrapar un globo. Una vez que salgamos del terreno explotaremos el globo para ver si contiene la pista verdadera.

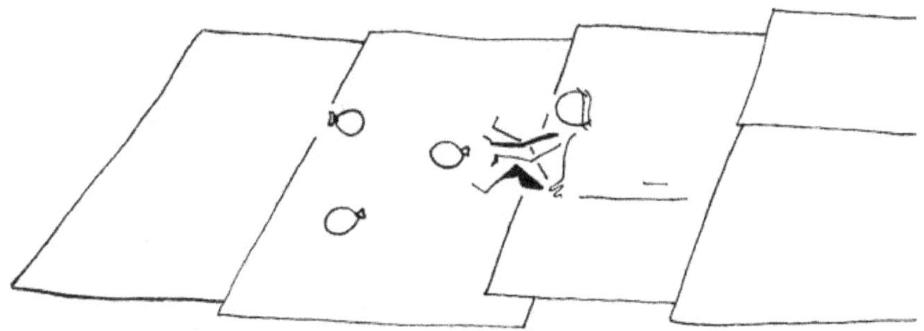

31. Zigzag Baloncesto. Carrera de relevos en la que los participantes deben desplazarse botando un balón de baloncesto con la mano.

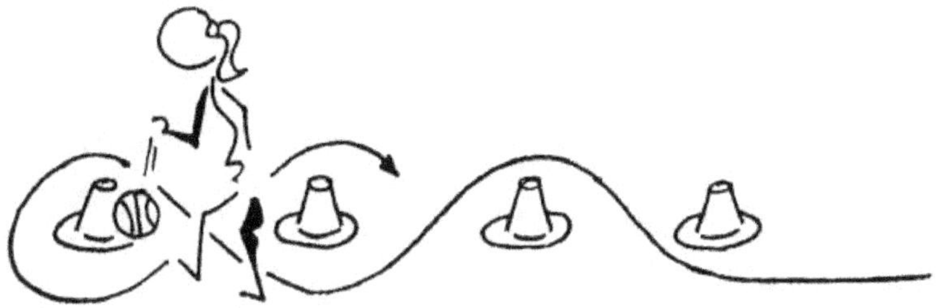

32. Zigzag Fútbol. Igual que el ejercicio anterior, salvo que esta vez hay que desplazarse golpeando un balón de fútbol con el pie.

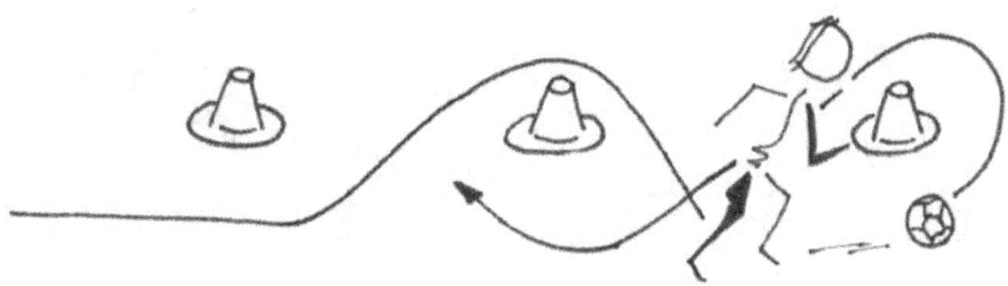

33. Barra de equilibrio. Pasar por encima de una barra de equilibrio hacia el lado contrario sin caerse al suelo. Si un jugador cae podremos establecer una eliminación o una sanción de tiempo. Como variante podemos añadir diferentes pistas que cuelguen hacia la mitad del recorrido y que los jugadores tengan que atrapar.

34. La Escalera. Cada componente de un equipo se desplazará hacia las espalderas para recoger una de las pistas a modo de carrera de relevos. Si la pista obtenida es falsa corresponderá al siguiente componente intentarlo de nuevo.

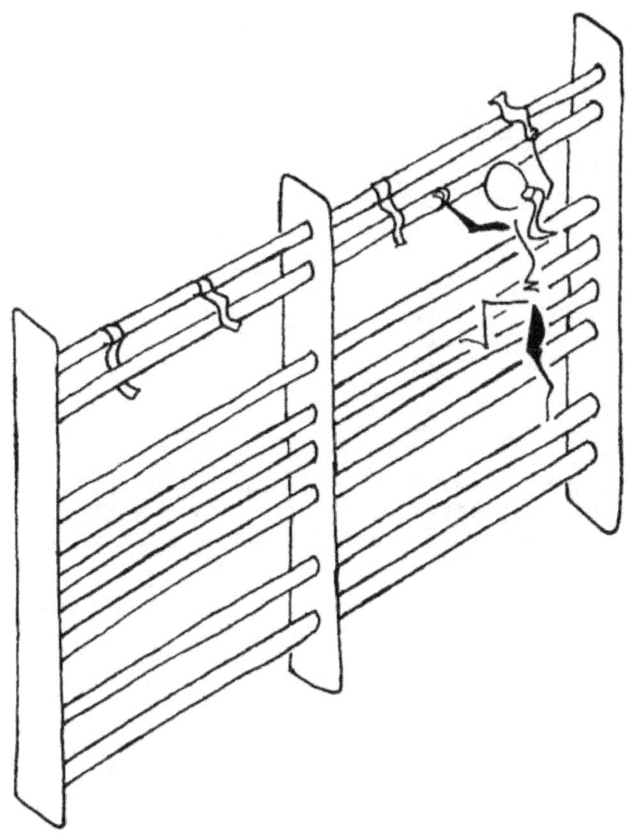

36. El cangrejo. Carreras de relevos en las que los corredores deben desplazarse andando o corriendo hacia atrás. También se pueden realizar carreras eliminatorias entre componentes de cada equipo.

37. La Feria. En una plancha de corcho colocamos varios globos pequeños con pistas en su interior (los podemos agarrar por las boquillas con chinchetas). Los jugadores tendrán cinco lanzamientos para explotar el mayor número de globos posible. Al final comprobarán si las pistas obtenidas son verdaderas o falsas.

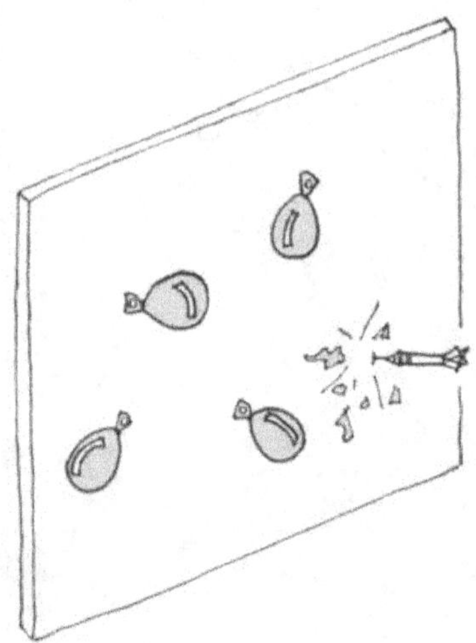

38. El Puzzle gigante. Cada pieza del puzzle estará fabricada con cajas de cartón forradas de papel blanco. Una vez que se hayan colocado todas en la posición final se pintará un dibujo o un mensaje que muestre la pista o la situación de la siguiente prueba (mapa). Si las cajas no contienen demasiada publicidad podremos pintar sobre ellas directamente. Esta actividad permite algunas variantes, como que una de las caras sea solamente la que se pueda completar (una solución posible) o que todas las caras muestren un mensaje diferente (una para cada equipo o varias para el mismo).

39. El huevo y la cuchara. Se trata de una carrera de relevos en el que éste es un huevo. Cada jugador deberá transportarlo al lado contrario soportándolo en una cuchara de sopa.

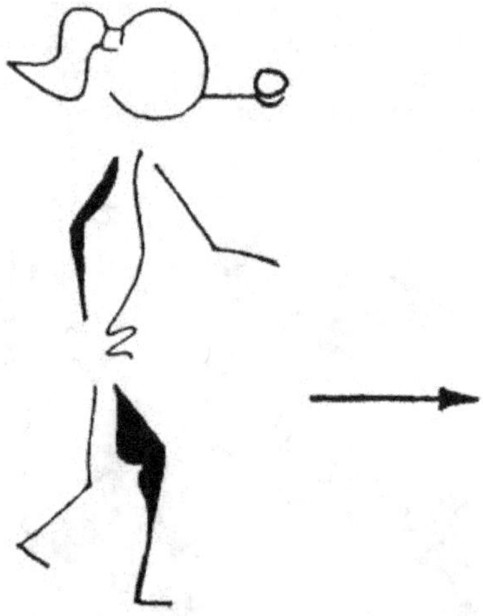

40. Malabarismo. Es una carrera en la que debe transportarse un balón sin que caiga al suelo hasta el lado contrario. Se puede llevar dando "pataditas" o sujetándolo en el pie y yendo a pie cojito. Esta actividad permite que se realicen carreras de relevo o mangas eliminatorias.

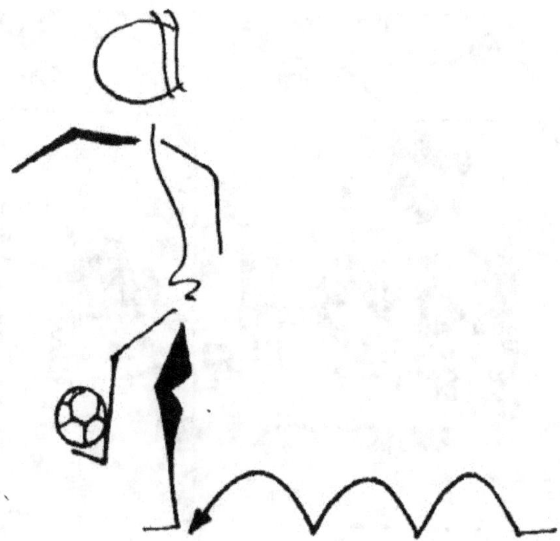

41. Los gemelos. Carrera en la que el desplazamiento se realiza por parejas, con un componente mirando en dirección a meta y otro hacia el lado opuesto.

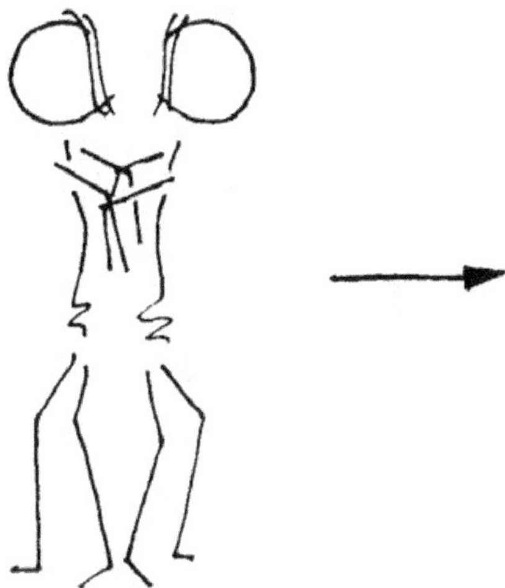

42. Juntitos juntitos. En este juego el objetivo es transportar un globo por parejas sin que caiga al suelo y sin poder utilizar las manos. Podemos establecer que ambos componentes queden enfrentados o de espaldas, o también que vayan golpeando el globo con las piernas o cualquier zona del cuerpo que no sean las manos. En caso de que el globo caiga al suelo se pueden establecer penalizaciones de tiempo o enviarlos a que repitan el ejercicio desde el principio sin parar el cronómetro.

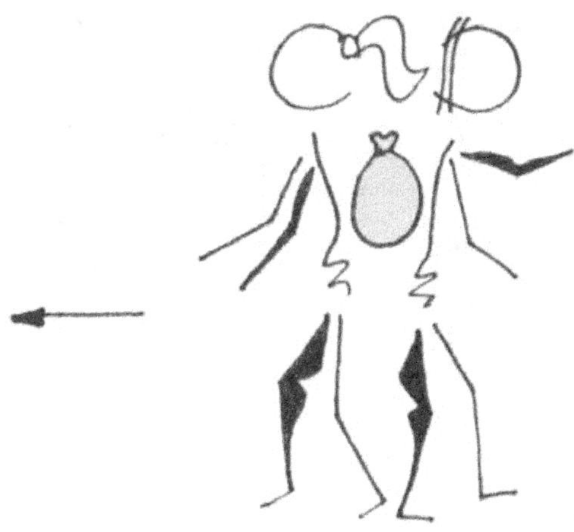

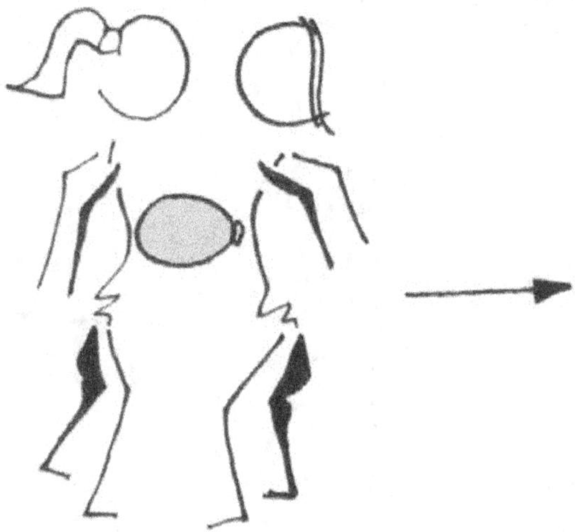

43. La cuna. Es un juego de transporte en el que dos componentes del equipo se agarran por las manos formando una especie de cuna, llevando sobre ella a un tercero sin que éste caiga al suelo o lo toque. Es importante indicar que el agarre de las manos debe realizarse más arriba de la altura de las muñecas, nunca sobre ésta o sobre los dedos, de modo que evitemos torceduras por el peso del compañero.

44. **Sobre ruedas.** Carrera de relevos en la que cada jugador debe desplazarse sobre patines hacia el punto indicado. Una variante es la que el relevo son los propios patines, es decir, comenzamos la actividad descalzos y a la voz de ya el primero se los coloca y sale patinando hacia el lado contrario para recoger los de su siguiente compañero, y así sucesivamente.

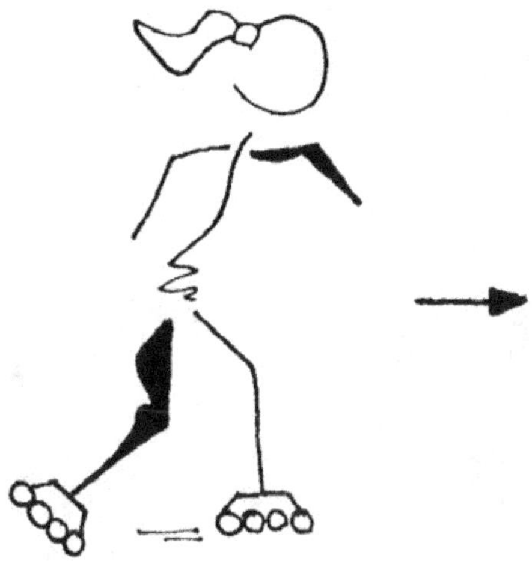

45. **Coordinados.** Atados el pie derecho de un jugador con el izquierdo del que está al lado, desplazarse en el menor tiempo posible hasta la línea de meta. Se pueden realizar carreras por parejas, tríos o con los equipos completos.

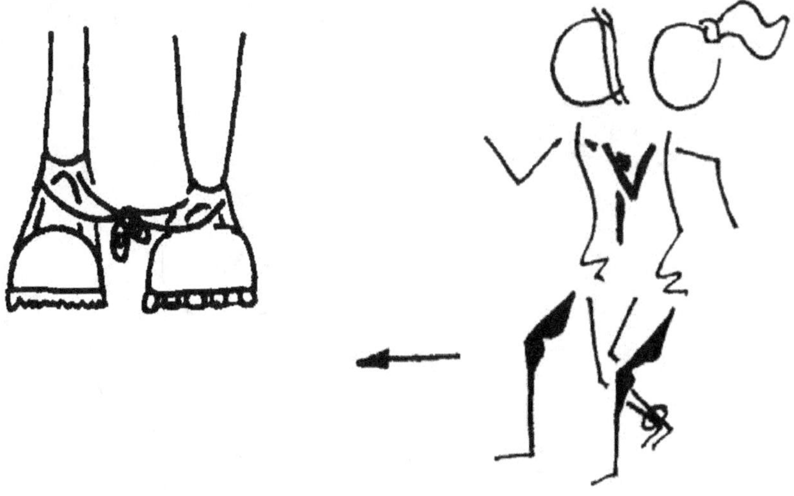

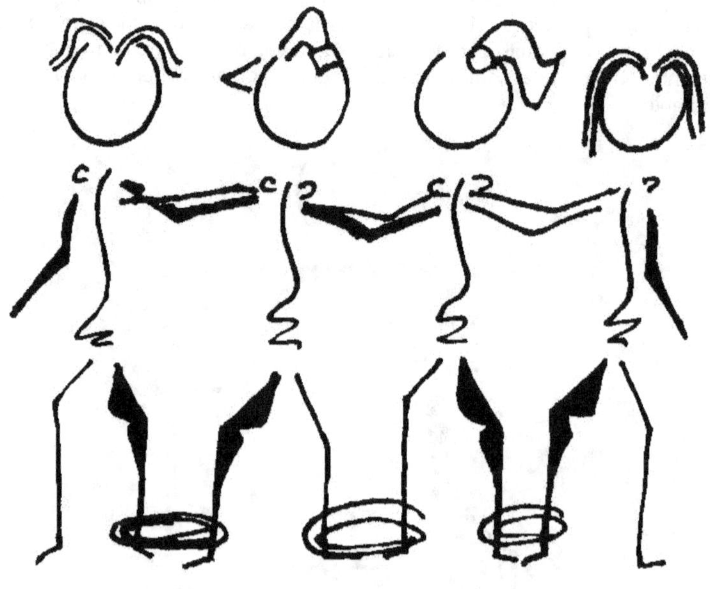

46. El laberinto. Construiremos un circuito con forma de pasillo esquinado utilizando todo tipo de objetos que tengamos para nuestras sesiones de Educación Física (conos, picas, colchonetas, bancos suecos, aros...). Uno de los miembros del equipo se vendará los ojos y se colocará en la salida siguiendo las indicaciones de sus compañeros hasta completar el recorrido.

47. La Momia. Para esta actividad necesitaremos varios rollos de papel higiénico. Uno de los componentes del equipo se subirá en una silla con los brazos pegados al cuerpo mientras el resto, a la señal del árbitro, comenzará a rodearlo con el papel desde los tobillos hasta el pelo, de modo que no quede nada de ropa por cubrir. El vencedor será el equipo que tarde menos tiempo en completar correctamente a su momia. Variante: una vez que el árbitro considere que la momia está bien hecha, ésta bajará de la silla con la ayuda de sus compañeros y se desplazará hacia la meta dando saltos.

48. A vestirse. Igual que el ejercicio anterior, pera esta vez todos los componentes del equipo menos uno, que se sitúa sobre una silla, realizan una carrera de relevos en la que cada vez le van llevando una prenda u objeto a éste. Una vez que haya conseguido vestirse sin caerse de la silla correrá hacia la meta para terminar la prueba.

49. La Biblioteca. Una de las pistas puede llevarnos a una pila de libros situada en la biblioteca o en otro espacio. Allí, siguiendo las coordenadas que se nos han indicado, deberemos encontrar una palabra clave para la construcción de una frase final u otra pista para poder continuar el juego.

50. ¿Quién se tira?. Escondemos una pista en medio de una piscina, siendo uno de los miembros del equipo el que deba lanzarse para recogerla. Para evitar que la pista se moje la envolveremos en plástico.

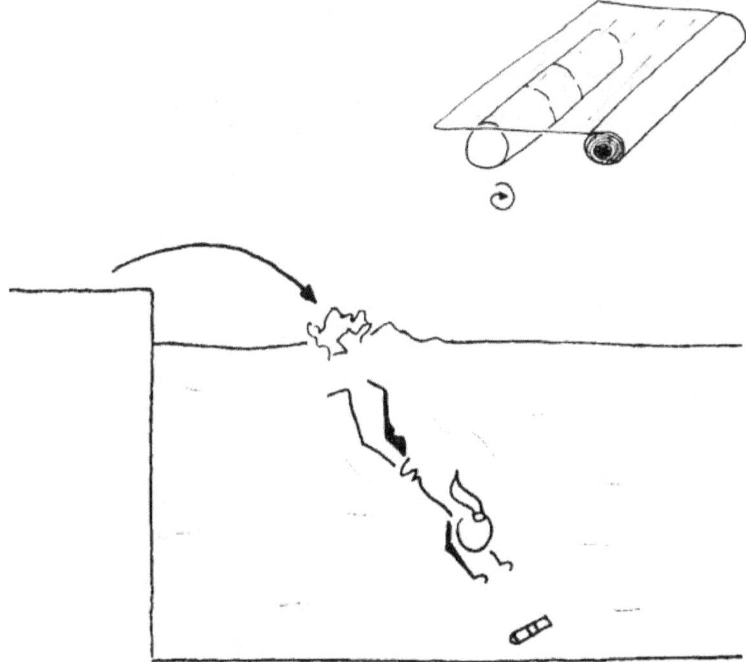

51. Pistas mojadas. Igual que el ejercicio anterior, pero esta vez hay varias pistas en el fondo de la piscina, siendo solamente una la verdadera. Así, si un jugador elige una que sea falsa corresponderá al siguiente compañero lanzarse a intentarlo de nuevo.

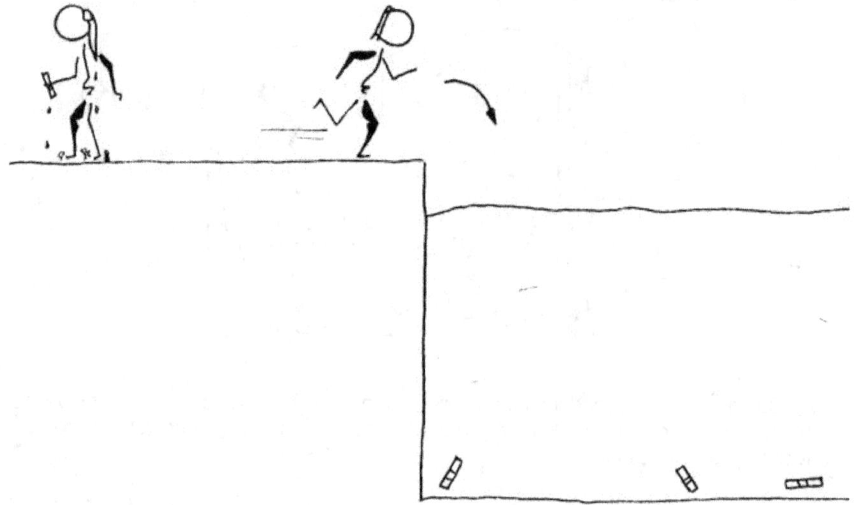

52. Arriba y abajo. Todos los componentes de un equipo deben pasar al lado contrario de una piscina superando las corcheras una buceando bajo ella y otra saltando por arriba. Para mayor control de la actividad, el segundo competidor no podrá lanzarse a las piscina hasta que no haya salido el primero.

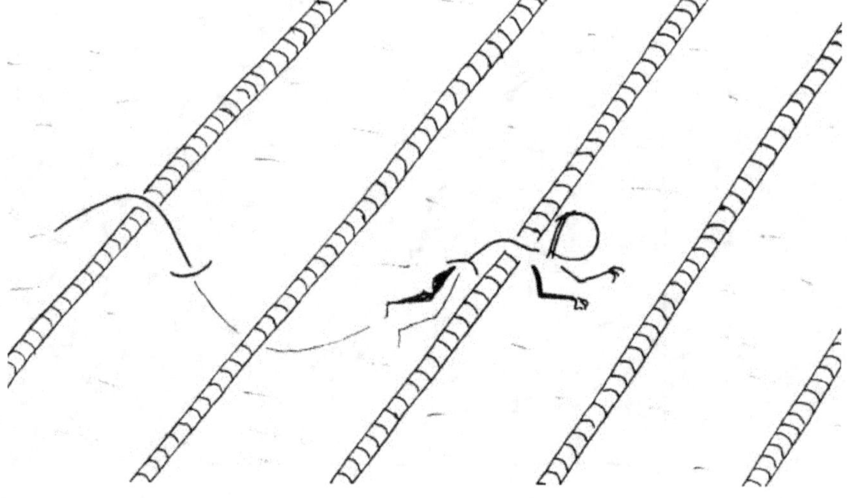

53. La Torre. Para seguir en competición y obtener la siguiente pista todos los miembros de un equipo tienen que lanzarse a la piscina y mantener en equilibrio a uno de ellos durante cinco segundos. Es importante indicar que la torre debe realizarse lejos de los bordes para así evitar accidentes en una caída.

Variante: podemos colocar una cuerda de lado a lado de la piscina de la que cuelgue una pista en el centro, de modo que la formación de la torre sirva para cogerla.

54. La Balanza. Construiremos una balanza con cuerdas y dos cajas tal y como muestra la figura. Una de las cajas se rellenará con arena y bajo ella colocaremos la pista a conseguir. El objetivo del juego es que cada jugador se desplace transportando un puñado de arena en sus manos y lo eche en la caja vacía (en carrera de relevos o sin turnos). Una vez que el peso sea mayor en la segunda caja levantaremos la primera y la pista quedará libre.

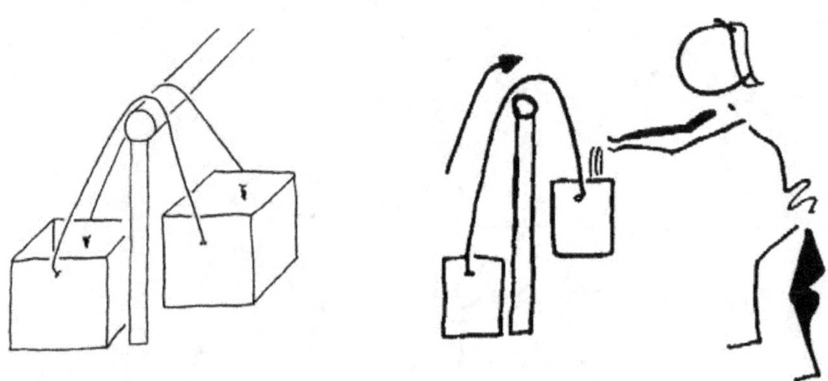

Variante: también podemos utilizar cubos para construir la balanza, transportando esta vez agua en botellines de refresco para desequilibrar su posición.

55. El Mapa del tesoro. En una superficie de arena se esconderán varias pistas a una profundidad aproximada de 75 cm. Un miembro de cada equipo dispondrá de un mapa con la posición exacta de la pista que le ha correspondido, debiéndosela indicar a su compañero utilizando únicamente un tambor, golpeándolo más lento si está lejos de la pista o a un ritmo acelerado si se acerca.

Variante: podemos utilizar otros elementos sonoros como las palmadas o silbatos.

56. Cubre hoyos. Tras hacer varios hoyos en una superficie de arena, cada equipo dispondrá de ocho o diez lanzamientos para completar la figura metiendo pelotas de tenis o de petanca en ellos.

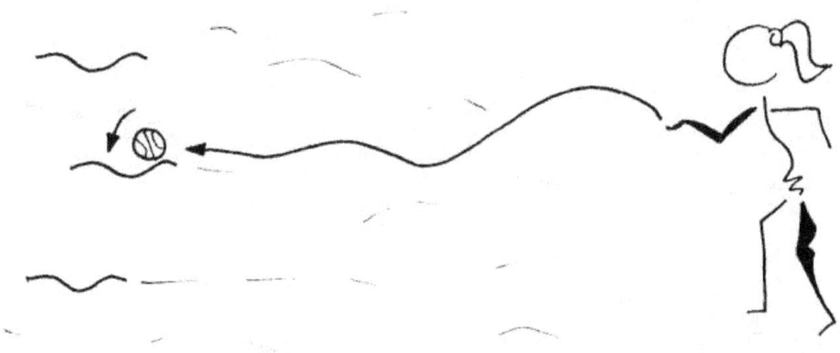

57. El Puente. Se trata de una carrera en la que un equipo deberá llegar al lado contrario del terreno de juego sin tocar el suelo y con la única ayuda de dos bancos suecos.

58. Tela de Araña. Se enrollan varios elásticos en dos vallas o en varias barandillas. Todos los jugadores de un equipo deben pasar entre los nudos lo más rápido posible.

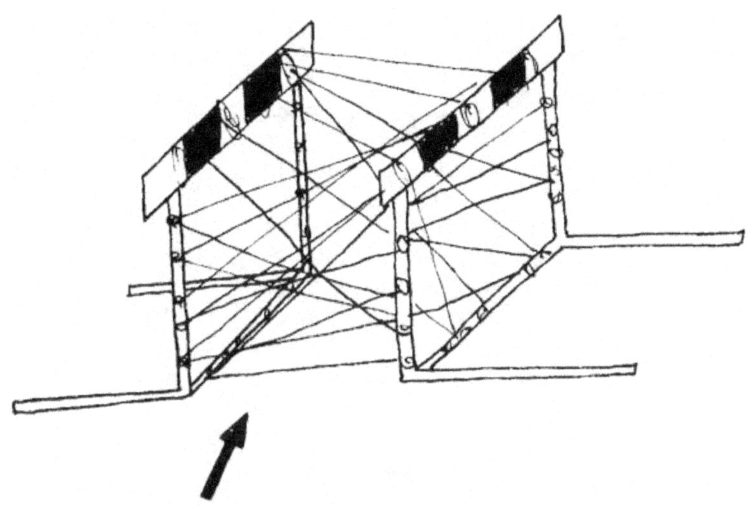

59. ¿Qué apostamos?. Cada equipo dispondrá de 5 minutos para reunirse y hacer una apuesta sorprendente. Pasado este tiempo entregarán a los árbitros las apuestas en un papel y comenzarán a realizarlas según salga sorteado. La apuesta más original será la vencedora, aunque también se puede establecer algún baremo dependiendo de si se ha conseguido o no.

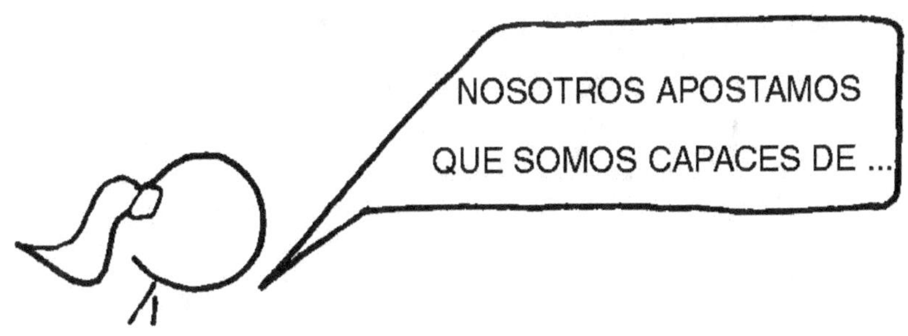

60. Vueltas y vueltas. Cada componente del equipo deberá completar un recorrido realizando diferentes tipos de giros y acrobacias que hayamos aprendido en las sesiones de educación física (volteretas, ruedas laterales, giros sobre diversos ejes...).

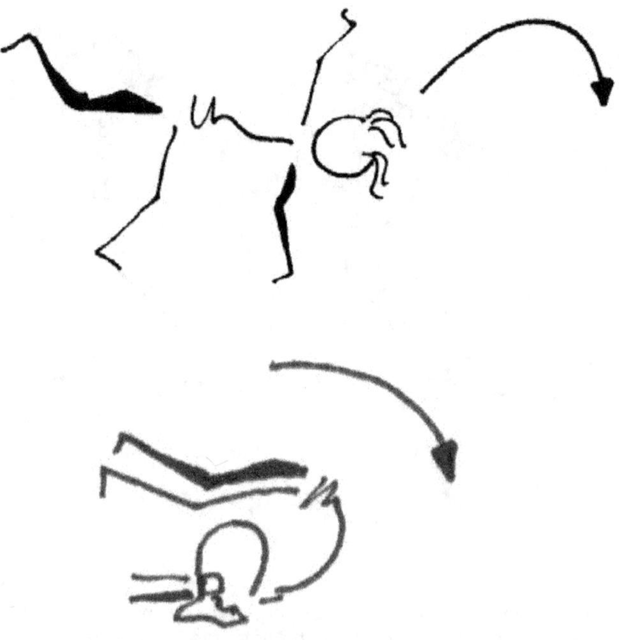

61. Trivial. Se prepararán tarjetas con una o varias preguntas y sus respuestas sobre los contenidos teóricos y prácticos que se hayan impartido en la asignatura.

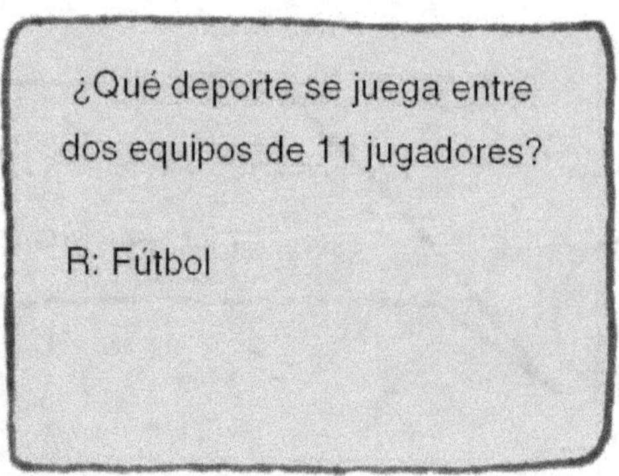

62. Escenificación de juegos y deportes. Al igual que el juego de "las películas", un miembro del equipo cogerá una de las tarjetas e intentará que sus compañeros acierten el deporte que está gesticulando (está prohibido hacer ruidos y hablar).

63. Pasitos cortos. Cada componente deberá recorrer un camino pintado en el suelo con tiza sin salirse de él y con los ojos vendados. Contará con la ayuda del resto de compañeros que le darán indicaciones.

64. Un día en el teatro. Cada equipo dispondrá de quince minutos para preparar la representación de un pequeño teatro o de varios chistes.

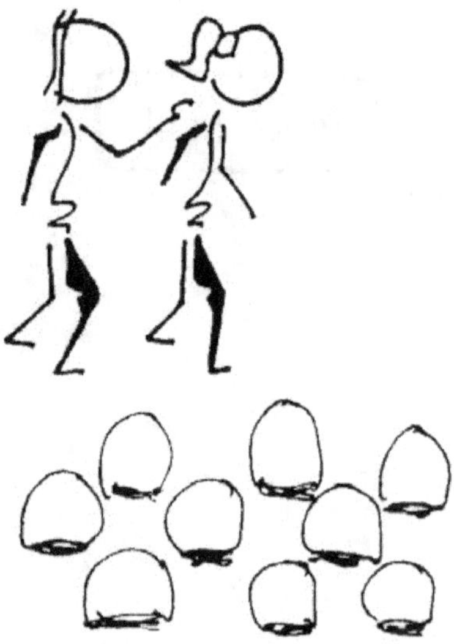

65. La lanzadera. Un jugador se coloca encima de un monopatín y es empujado por el resto de compañeros hacia la zona donde se encuentran las pistas. En cada viaje se recogerá una pista, comprobando al final del trayecto si es la correcta o no. No serán válidos aquellos intentos en los que el jugador caiga al suelo o lo toque con cualquier parte del cuerpo, así como cuando no llegue al otro lado del terreno de juego.

66. El vaquero. Tras hacer un nudo tipo "horca" en un cuerda, lanzarla hacia los conos atrapándolos y llevándolos a nuestra posición. Cada jugador debe atrapar al menos 2 conos, y no habrá límite de lanzamientos.

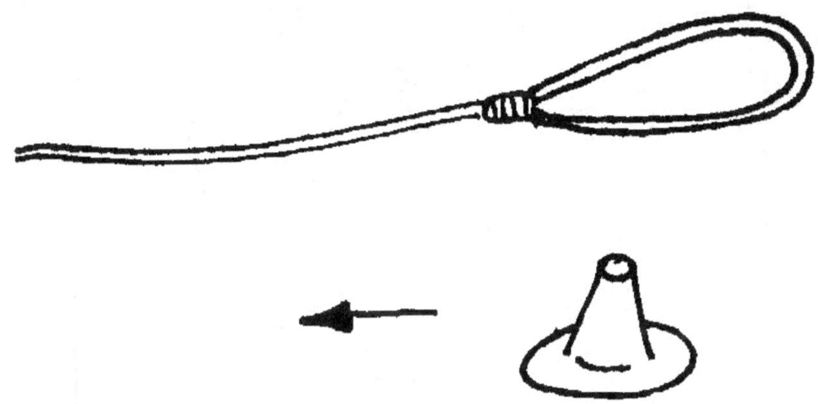

67. Ganar terreno. Un jugador de cada equipo será el encargado de ir pintando áreas en el suelo con una tiza, de modo que, cuando haya pintado un área completa, podrá meterse en ella para pintar la siguiente. El objetivo es llegar en primera posición al otro lado del campo de juego.

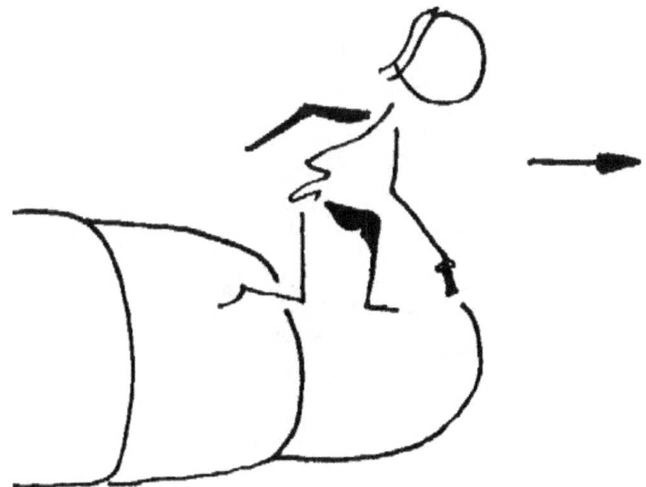

68. Concurso de canastas. Cada equipo debe encestar cuatro veces desde debajo de la canasta, cinco desde la línea de tiros libres y cuatro desde la de triple. Cuando un compañero falle le tocará al siguiente.

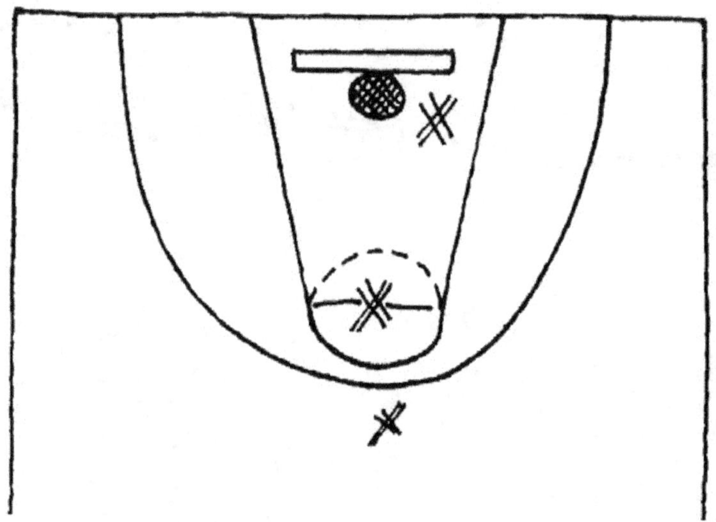

69. Hora exacta. Todos los componentes de un equipo tienen que parar el cronómetro de un reloj digital en X segundos y no más o menos de una décima, es decir, entre x.90 y x.10 (ambos incluidos).

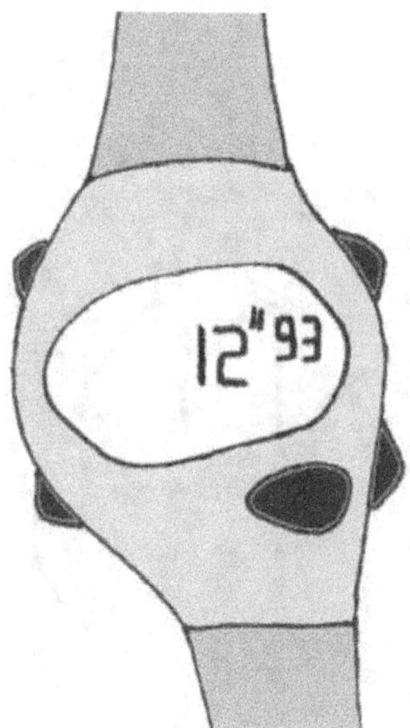

70. Basket playa. Los equipos disputarán un torneo de baloncesto con las reglas de los deportes adaptados a la playa (no hay bote, cada jugador puede dar un máximo de tres pasos con el balón, 5 segundos de posesión de balón, defensa a un brazo de distancia del jugador con balón, etc.) Si no disponemos de canastas podemos colocar dos áreas a cada lado del campo en las que haya un jugador de cada equipo con un cubo, utilizándolo para atrapar la pelota (canasta móvil).

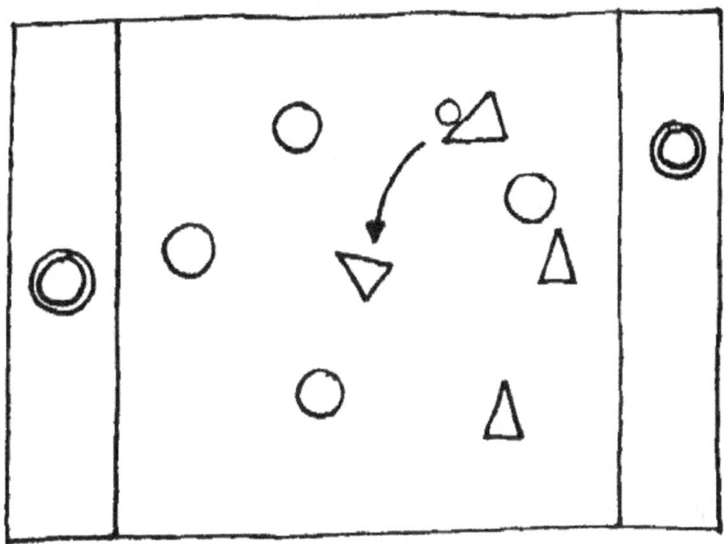

71. Castillo de naipes. Hacer un castillo de tres pisos con una baraja de cartas.

72. Lanzamiento de chapa. Desde una distancia de cuatro metros, lanzar una chapa de botella de refresco con el objetivo de dejarla entre la pared y un área pintada de 25 cm. No serán válidos aquellos lanzamientos en los que la chapa toque la pared y quede en el área. Cada equipo debe conseguir este objetivo ocho veces para pasar a la prueba siguiente.

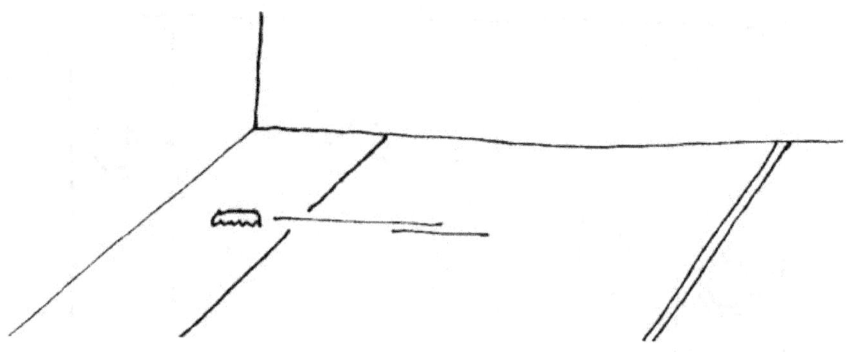

73. Claquet. Con zapatos viejos, pinchar en ellos varias chinchetas en el talón y la puntera, obteniendo unos zapatos de baile sonoros. Cada equipo inventará un ritmo y deberá mantenerlo durante un minuto.

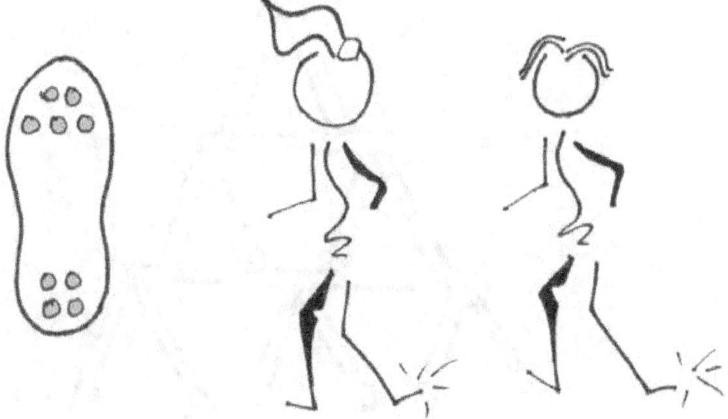

74. Aterrizaje. Encestar ocho discos voladores desde una distancia de 10 mts. en una caja

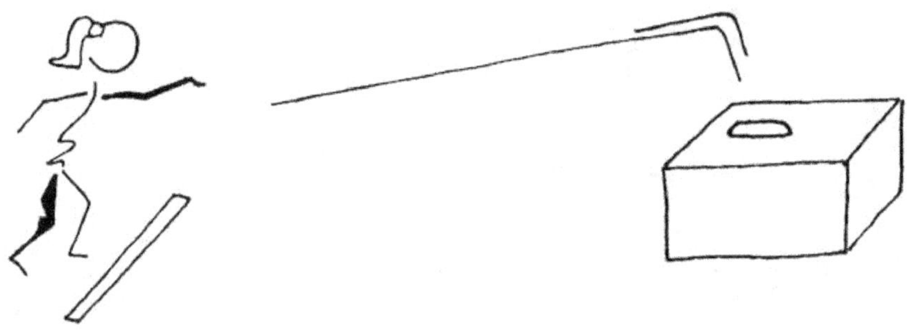

75. Tarzán. Utilizando una cuerda gruesa para trepar, coger impulso y lanzarse hacia un colchoneta al otro lado del terreno de juego.

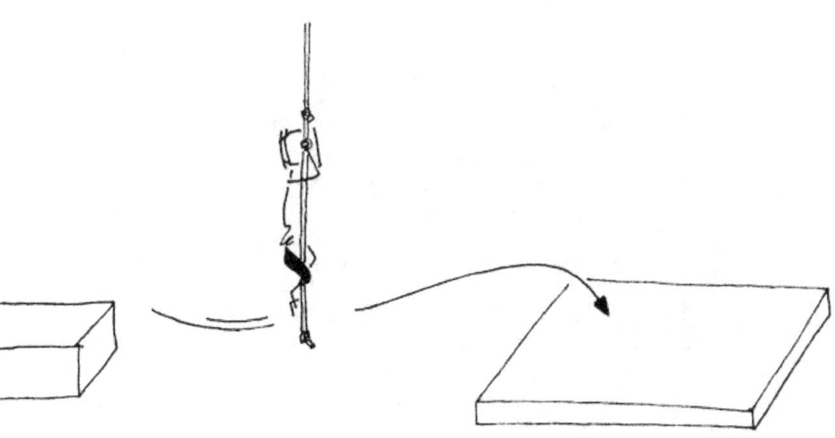

76. Carretera comarcal. Tras pintar un circuito en el suelo con tiza, conducir una chapa de refresco golpeándola con el dedo hasta el final del mismo. Si la chapa sale del circuito o toca una de las líneas, el jugador deberá comenzar desde el principio.

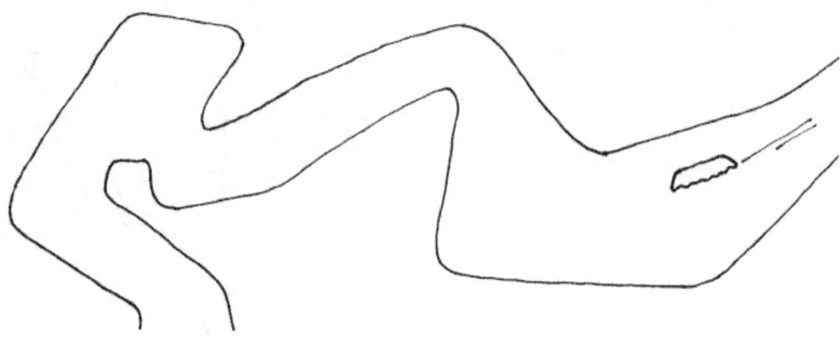

77. El Cilindro. Con tres o cuatro neumáticos gastados, transportar a uno de los miembros del equipo que se mete a modo de "pinchito" entre ellos.

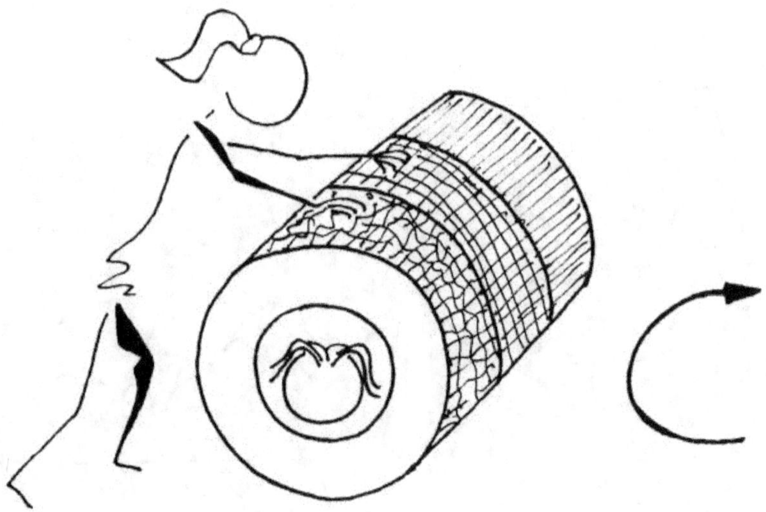

78. El Sombrero. Cada jugador deberá encestar cinco cartas de una baraja española en un sombrero situado a 2 metros de distancia.

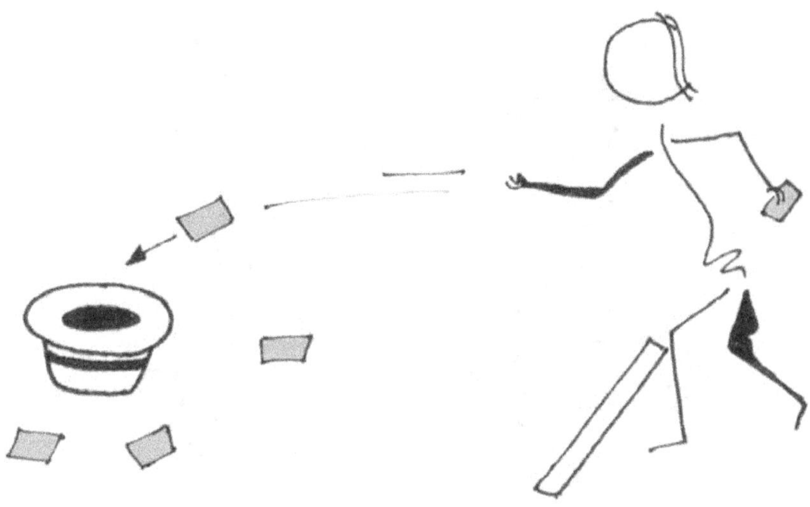

79. Intercambio de vestuario. Se colocan dos biombos separados a 20 metros de distancia, y dentro de cada uno de ellos un miembro de cada equipo. Un tercer jugador se desplazará de lado a lado lo más rápido posible llevando una prenda de ropa de uno de los jugadores para cambiársela al otro. La prueba termina cuando los dos jugadores se han intercambiado un número determinado de prendas.

80. **Grupo musical.** Componer una canción rítmica utilizando tambores y mantenerla durante un minuto.

81. **Por el camino.** Conducir una pelota por un recorrido pintado en el suelo con tiza utilizando un stick de hockey. Si la pelota sale del camino o toca las líneas el jugador deberá comenzar desde el principio.

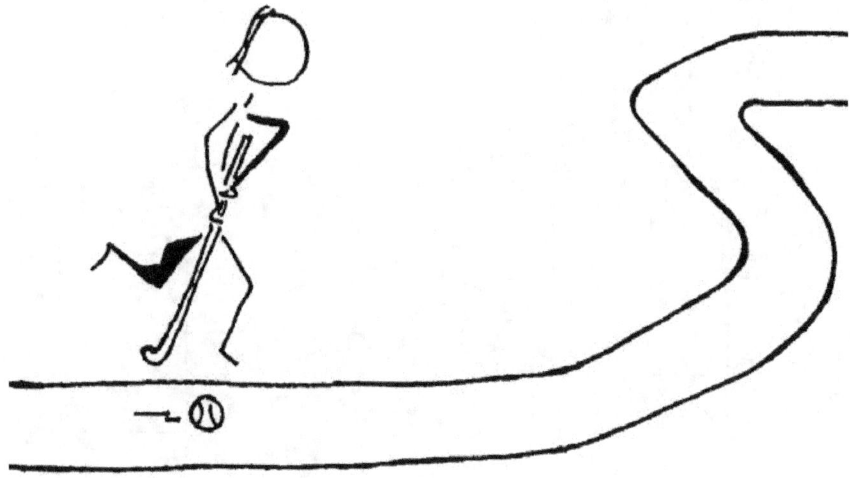

82. Coreografía. Cada equipo dispondrá de cinco minutos para preparar una coreografía de 30 segundos de duración.

83. Hilera de dominó. Con 70 fichas de dominó hacer una hilera de modo que, derribando la primera, caiga el resto de forma ordenada.

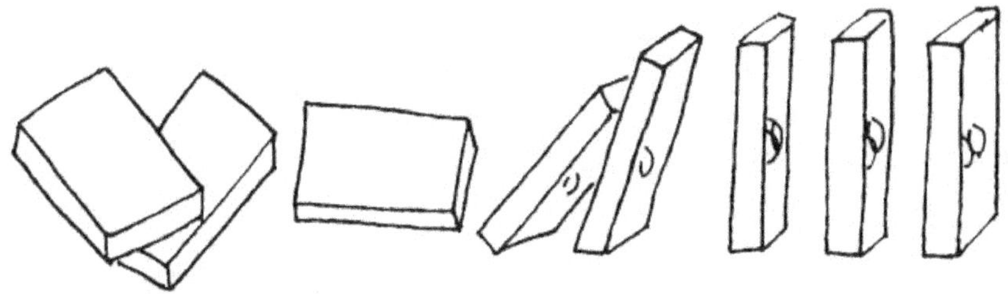

84. Malabares. Por parejas, mantener tres pelotas de tenis en el aire durante 20 segundos.

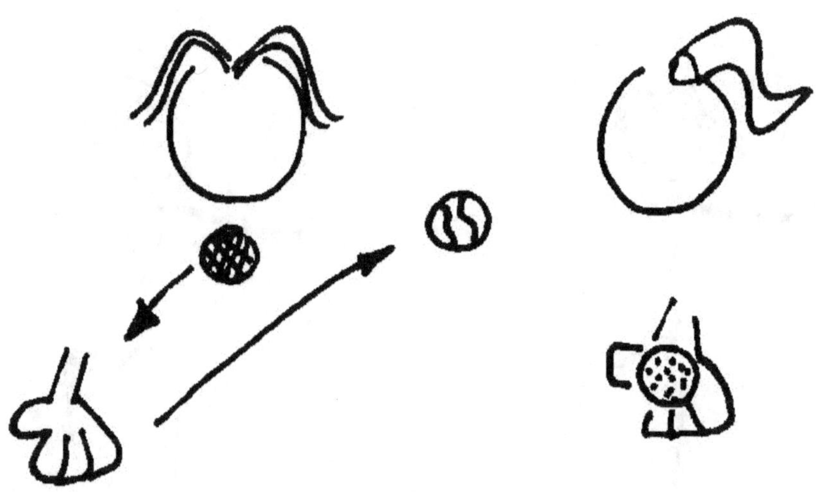

85. Las Planchas. Carrera de relevos en la que cada jugador deberá recoger una plancha de natación en la que hay diferentes pistas escritas y volver al punto de salida. La prueba termina cuando, una vez recogidas todas las planchas, el equipo consigue descifrar la pista.

86. La Curva. Para continuar en juego los jugadores deberán lanzarse hacia una colchoneta, agarrados a una cuerda gruesa, pasando antes por delante de un cono tal y como muestra la ilustración.

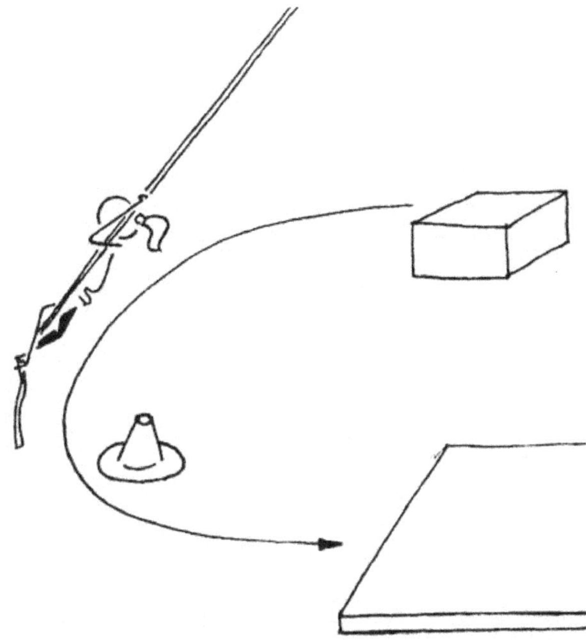

87. Pelota en el aire. Cada jugador debe mantener en el aire un balón de fútbol golpeándolo 10 veces seguidas con cualquier parte de las piernas.

88. Cada color con el suyo. Se reparten aros y conos de diferentes colores por el terreno de juego (igual número de conos y aros del mismo color). Cada equipo deberá emparejarlos en el menor tiempo posible, metiendo cada cono en el aro que corresponda.

89. Atrapa-cono. Desde una distancia de 15 metros, lanzar una pelota de tenis de modo que nuestro compañero la atrape con un cono sin que antes haya botado en el suelo.

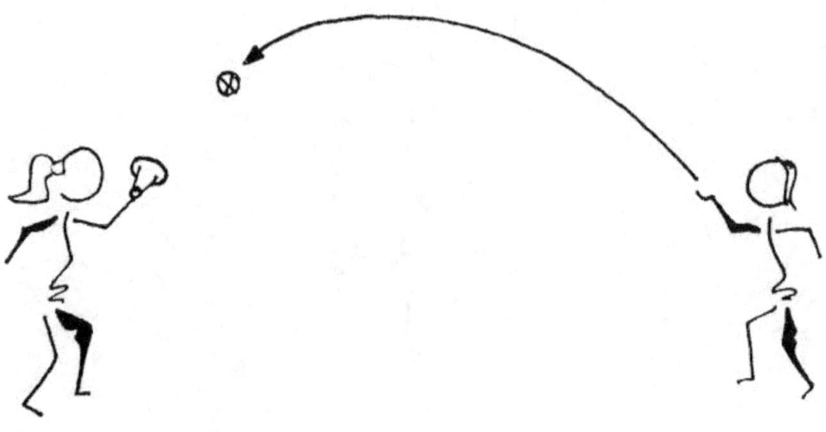

90. Los acróbatas, por parejas o tríos, hacen figuras de equilibrio

91. Ciclo cross. Carrera de relevos en la que cada componente del equipo deberá desplazarse por un circuito con una bicicleta.

92. Lectura Aguada. Lanzarse a una piscina y leer el mensaje que se encuentra escrito en el fondo.

93. El Tendedero. Se cuelgan de una cuerda varias pistas. Cada jugador se desplazará con una bicicleta y atrapará una de ellas. Si es falsa se dará el relevo al siguiente compañero para que lo intente.

94. Jeroglífico. Se entregará a cada equipo o participante una hoja con un vocabulario traducido, de modo que pueda verse con claridad la correspondencia entre un signo y una letra. Una vez traducido el mensaje éste nos indicará la pista o el siguiente lugar hacia donde debemos dirigirnos.

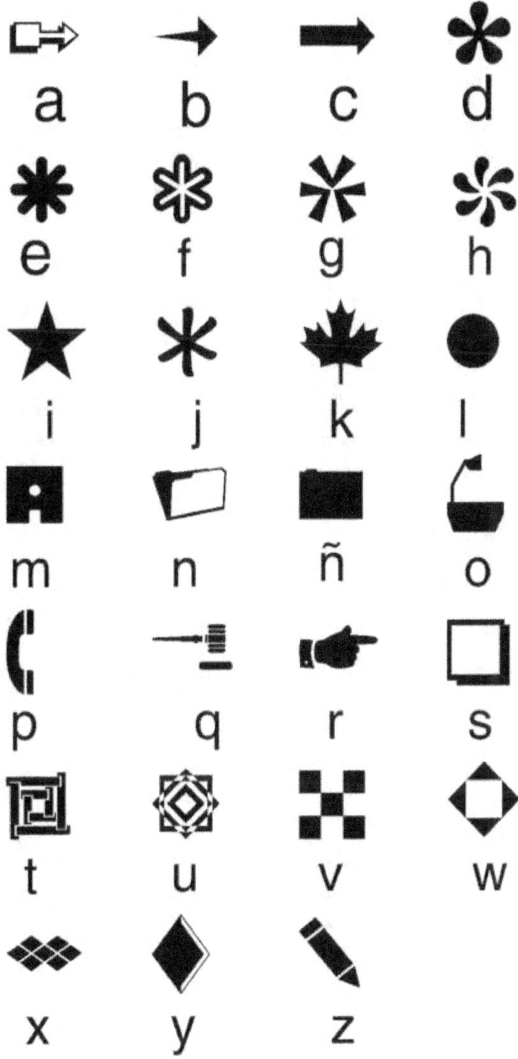

4.3. ADIVINANZAS.

Preparo el terreno

y la semilla siembro

siempre esperando

que el sol y la lluvia

lleguen a tiempo.

R: Agricultor

Cuanto más y más lavo

mucho más sucia me voy

¿Quién soy?

R: Agua

Tengo cabeza redonda,

sin nariz, ojos ni frente,

y mi cuerpo se compone

tan sólo de blancos dientes.

R: Ajo

Hago paredes,

pongo cimientos

y a los andamios

subo contento.

R: Albañil

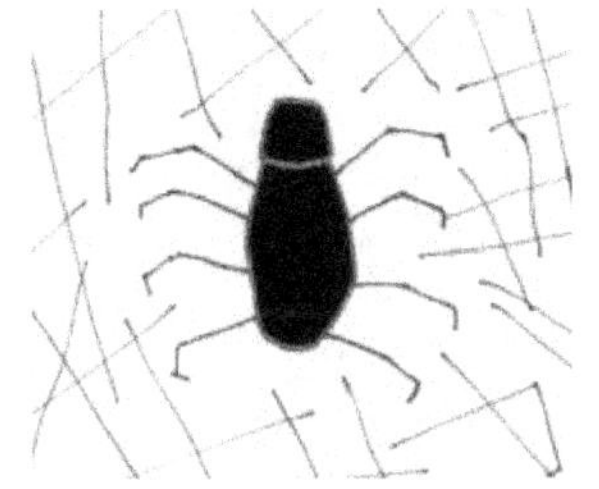

En rincones y entre ramas

mis redes voy construyendo,

para que las moscas despistadas

en ellas vayan cayendo.

R: Araña

Cuando yo subo tú bajas;

si tú subes bajo yo;

a la misma altura nunca

podremos estar los dos.

R: Balancín

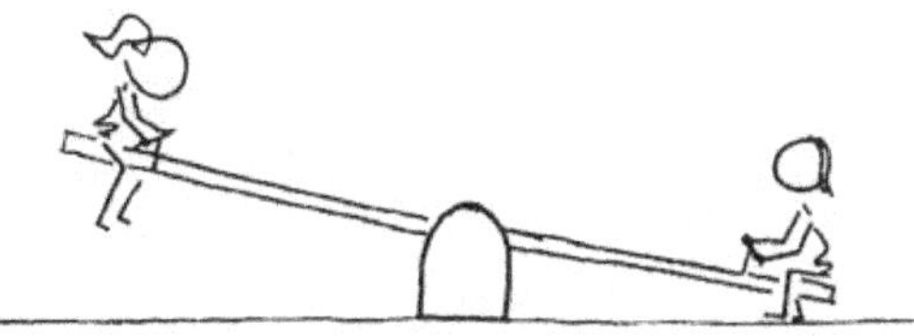

Es la reina de los mares,

su dentadura es muy buena,

y por no ir nunca vacía

siempre dicen que va llena.

R: Ballena

Con una manguera,

casco y escalera

apago los fuegos

y las hogueras.

R: Bombero

Por fuera naranja,

por dentro gas sólo;

pero con mi ayuda

se calienta todo.

R: Bombona de butano

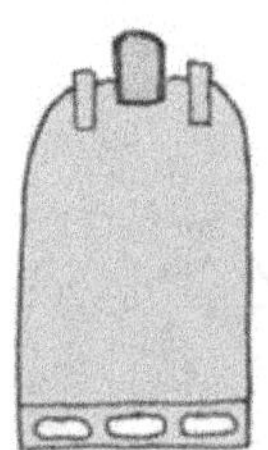

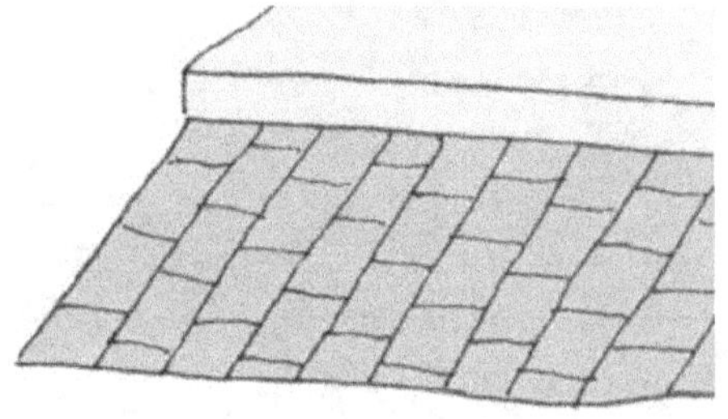

Todos me pisan a mí,

pero yo no piso a nadie;

todos preguntan por mí,

pero yo no pregunto por nadie.

R: Calle

Con madera de pino

de haya o de nogal

construyo los muebles

para tu hogar.

R: Carpintero

En el camino me crié,

atada con verdes lazos,

y aquél que llora por mí

me está partiendo en pedazos.

R: Cebolla

Bajo mi carpa gigante

acojo a chicos y grandes,

payasos y trapecistas

son típicos en mi pista.

R: Circo

No pienses que es una col,

o que baila el cha-cha-chá,

búscala sobre tu cama

que yo te la he dicho ya.

R: Colcha

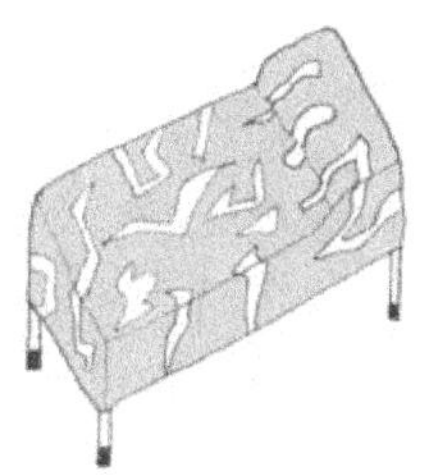

Tengo cadenas sin ser preso,

si me empujas voy y vengo,

en los jardines y parques

muchos niños entretengo.

R: Columpio

¿Cuál es el animal que llega el último?

R: Delfín

Para ser más elegante

no usa guante ni chaqué,

tan sólo cambia en un instante

por una "f" la "g".

R: Elefante

En un cuarto me arrinconan
sin acordarse de mí,
pero pronto van a buscarme
cuando tienen que subir.
R: Escalera

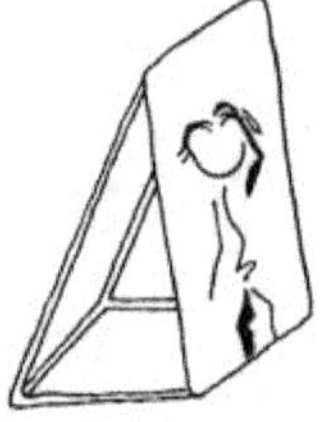

Muy bonito por delante
y muy feo por detrás;
me transformo a cada instante
pues imito a los demás.
R: Espejo

En los baños suelo estar
aunque provengo del mar.
R: Esponja

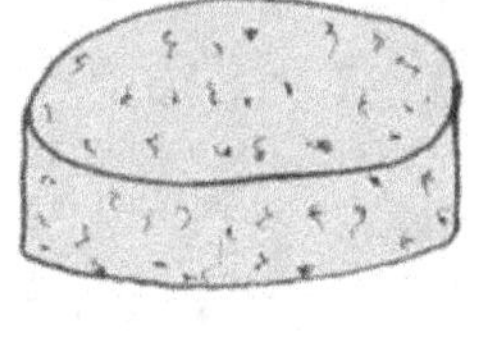

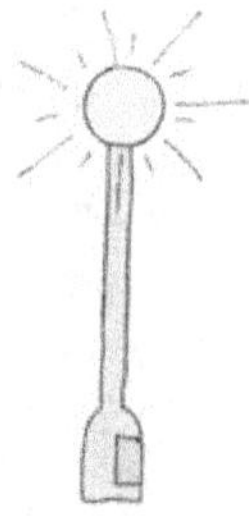

Alta y delgada,
cabeza brillante,
ilumina de noche
a los caminantes.
R: Farola

En la puerta está
y no quiere entrar,
¿qué es?.
R: Felpudo

Todos corren,

uno pita,

dos detienen, muchos gritan.

R: Fútbol

No soy bombero

pero tengo manguera

y alimento a los coches

por la carretera.

R: Gasolinero

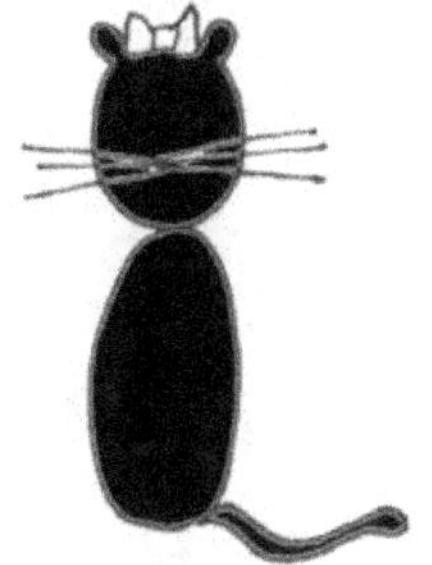

Tiene ojos de gato y no es gato,

orejas de gato y no es gato,

patas de gato y no es gato,

rabo de gato y no es gato,

maúlla y no es gato,

¿qué es?

R: Gata

Tengo nombre de animal,

pero cuando la rueda se pincha

me tienes que sacar.

R: Gato

Me rascan continuamente
de forma muy placentera,
mi voz está muy bien timbrada
y mi cuerpo de madera.
R: Guitarra

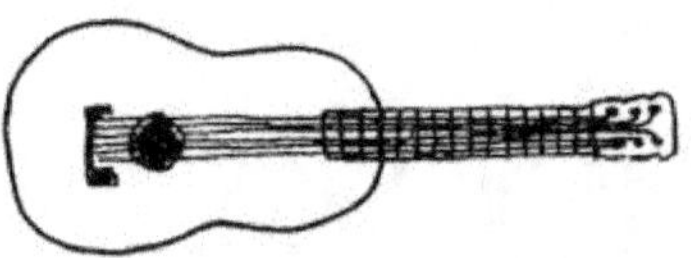

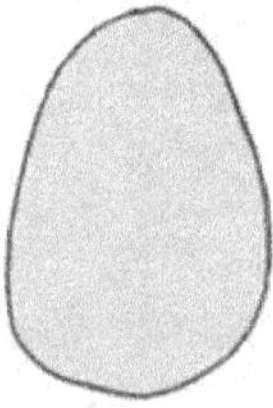

Mi madre es tartamuda,
mi padre es cantaor,
tengo blanco mi vestido
y amarillo el corazón.
R: Huevo

Casi la lleva al principio,
pancarta en la mitad
y atardecer ya muy al final
R: Letra C

Dedos tiene dos,
piernas y brazos no.
R: Letra D

En la luna es la primera
y la segunda en plutón.
En la Tierra no se encuentra
y es la última de Sol.
R: Letra L

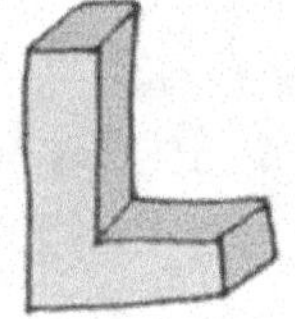

Chiquita como un ratón

guarda la casa como un león.

R: Llave

Tengo cabeza de hierro

y cuerpo de madera,

al que yo le piso un dedo,

vaya grito que pega.

R: Martillo

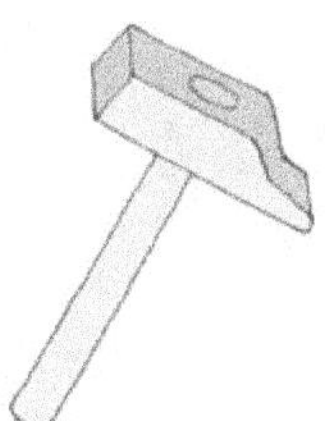

Oro parece,

plata no es,

¿qué fruta es

la que quieres comer?

R: Plátano

En la mesa me ponen

y sobre mí todos comen.

R: Plato

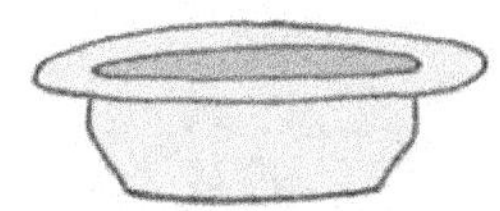

No me hace falta sacar billete,

me mojan la espalda

y me voy de viaje.

R: Sello

Con sólo tres colores

ordeno a cada uno.

Si todos me respetan

no habrá accidente alguno.

R: Semáforo

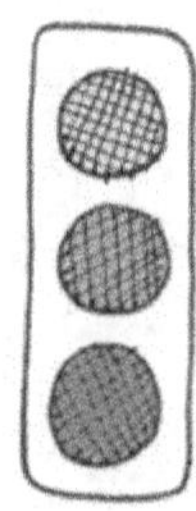

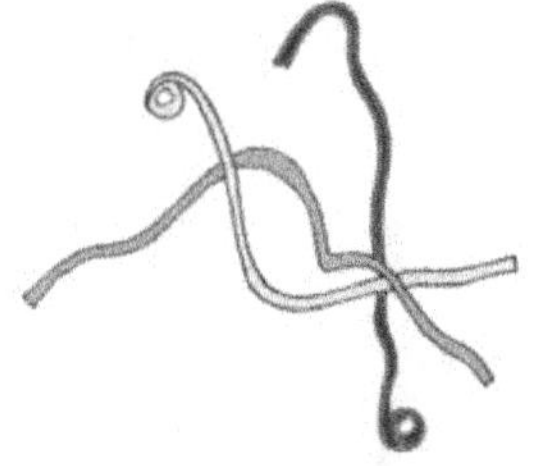

Tiras de papel

de varias tonalidades,

las tiramos en las fiestas

y también en carnavales.

R: Serpentinas

Todos me buscan

para descansar.

Si ya te lo he dicho,

no lo pienses más.

R: Silla

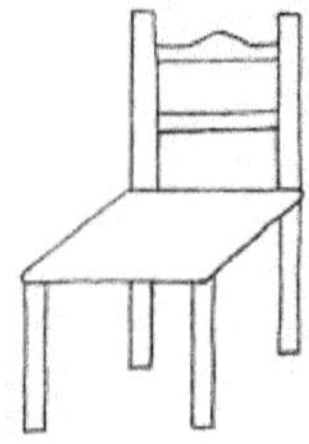

Bajo la bandera

para iniciar la carrera.

R: Taxista

Cuanto más se moja más te seca.

R: Toalla

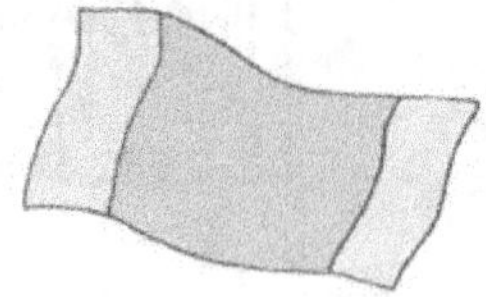

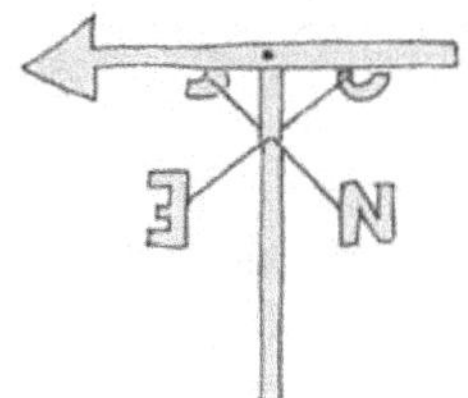

En lo más alto me ponen

para que el viento me dé,

soy guía para los hombres

y siempre estoy de pié.

R: Veleta

Aunque músculos no tengo

los techos yo sostengo

R: Vigas

4.4. PRUEBAS DE LÓGICA Y HABILIDAD.

¿Cómo hay que agarrar a un toro para matarlo?.

R: Vivo.

¿Quién es la madre del padre de mi primo?

R: Su Abuela.

¿Cuántos pasteles puedes comerte con el estómago vacío?

R: Uno solamente, ya que, cuando te fueses a comer el segundo, ya tendrías uno dentro.

Un avión se estrella entre la frontera de Francia y España, ¿dónde se entierra a los supervivientes?.

R: Los supervivientes son los que se han salvado del accidente, así que no creo que se dejen enterrar.

Un niño nace en Cádiz y al año toda su familia se va a vivir a Palencia, ¿en qué ciudad le saldrán los dientes?.

R: En la boca, a todos nos salen ahí.

¿Cómo podrías pintar ésta casita sin levantar el lápiz del papel?

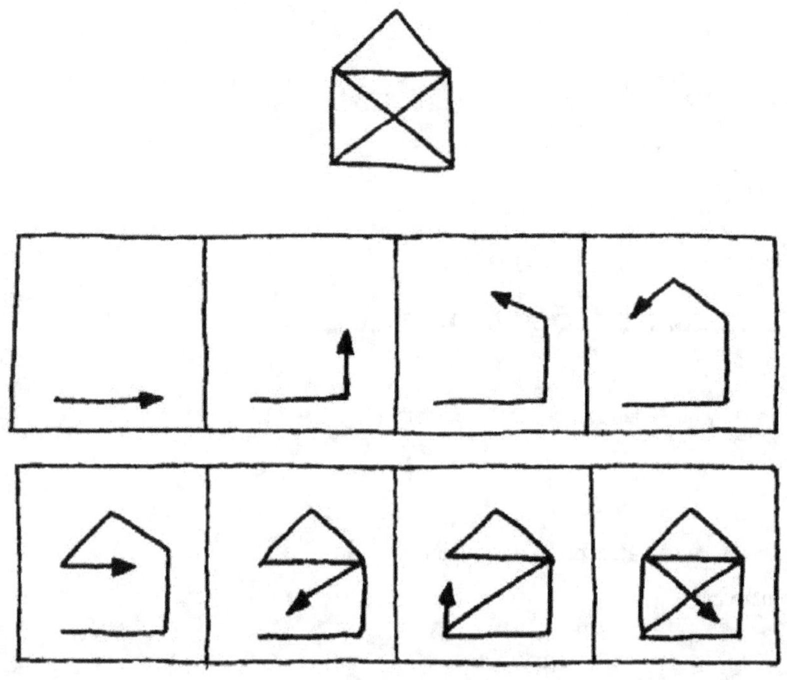

¿De qué color era el caballo blanco de Santiago?

R: Blanco.

¿Cómo se llama en Palencia al ascensor?

R: Pulsando el botón, como en todos los sitios.

Con sólo cuatro líneas rectas intenta atrapar todos los puntos de esta figura.

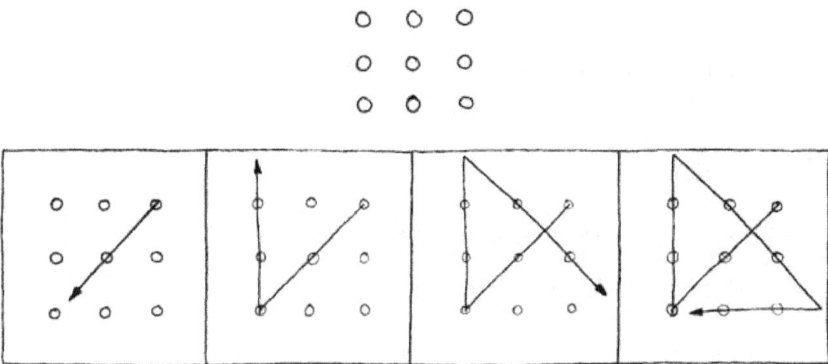

¿Cuál es el animal que tiene más dientes?

R: El Ratoncito Pérez.

Moviendo sólo dos de estos palillos intenta que el huevo quede dentro de la sartén.

¿Cómo se escribe, durmiendo o dormiendo?

R: De ninguna de las dos, se escribe despierto.

Un gallo pone un huevo en lo alto de una montaña. Si viene un viento de Norte a Sur, ¿hacia qué lado caerá?.

R: Hacia ninguno, los gallos no ponen huevos.

¿De qué se alimenta un león que está muerto de hambre?

R: De nada porque ya está muerto.

Javi tiene 4 años menos que Juan y uno más que Elena. Juan tiene 27 años, dos más que Silvia. ¿Cuánto suman las edades de este grupo de amigos?

R: JUAN   27

      JAVI   (JUAN − 4 = 27 − 4)   23

      ELENA (JAVI − 1 = 23 − 1)   22

      SILVIA (JUAN − 2 = 27 − 2)   25

                    TOTAL 97

¿Cómo se dice, las yemas son blancas o la yema es blanca?

R: De ninguna, porque las blancas son las claras.

En un árbol hay siete pajaritos, pero llega un cazador y mata a tres, ¿cuántos quedan en el árbol?

R: Ninguno, porque el resto sale volando hacia otro lado.

5. BIBLIOGRAFÍA.

HOFFMAN, M. (1993). MANUAL DE ESCALADA. EDICIONES DESNIVEL.

GARCÍA PAJUELO, J. (2000) GUÍA PRÁCTICA PARA ESCUELAS DEL DEPORTE DE ORIENTACIÓN. EDITORIAL WANCEULEN.

Ilustraciones realizadas por el autor.